高中地理教学
与核心素养培养研究

吴德政 黑剑锋 孙园园 ◎著

中国出版集团
中译出版社

图书在版编目（CIP）数据

高中地理教学与核心素养培养研究 / 吴德政，黑剑
锋，孙园园著. — 北京 ：中译出版社，2024.4
ISBN 978-7-5001-7839-2

Ⅰ．①高… Ⅱ．①吴… ②黑… ③孙… Ⅲ．①中学地
理课－教学研究－高中 Ⅳ．①G633.552

中国国家版本馆CIP数据核字(2024)第078478号

高中地理教学与核心素养培养研究

GAOZHONG DILI JIAOXUE YU HEXIN SUYANG PEIYANG YANJIU

著　　者：吴德政　黑剑锋　孙园园
策划编辑：于　宇
责任编辑：于　宇
文字编辑：田玉肖
营销编辑：马　萱　钟筱童
出版发行：中译出版社
地　　址：北京市西城区新街口外大街28号102号楼4层
电　　话：（010）68002494 （编辑部）
由　　编：100088
电子邮箱：book@ctph.com.cn
网　　址：http://www.ctph.com.cn

印　　刷：北京四海锦诚印刷技术有限公司
经　　销：新华书店
规　　格：787 mm×1092 mm　1/16
印　　张：11.25
字　　数：224千字
版　　次：2024年4月第1版
印　　次：2024年4月第1次印刷

ISBN 978-7-5001-7839-2　　　　定价：68.00元

版权所有　　侵权必究
中 译 出 版 社

前　言

　　培养学生地理核心素养是党的教育方针的具体化，教学中落实地理核心素养的培养，需要教师能够充分挖掘地理课程的育人价值，使学生在地理学习中获取知识，提升关键能力，形成必备品质和正确的价值观。高中教学是基础教育的高级阶段，学生面临高考选拔性考试和学业水平考试的考查，又面临走向社会的检验，如何采取有效措施培养学生地理核心素养成为高中地理教学普遍面临的问题。我们结合多年的课堂实践和教学研究，深入研究课程标准，钻研培养学生地理核心素养的策略，总结出了地理核心素养内涵理解和培养的有效措施，写成本书，希望这部专著对广大教师在培养学生地理核心素养方面有所启发。

　　本书是一本关于高中地理教学与核心素养培养方面研究的书籍。全书首先对高中地理教学及核心素养的基础理论进行简要概述，介绍了高中地理教学的功能、目标、原则和高中地理核心素养的构成等内容；然后对高中地理教学实践的相关问题进行梳理和分析，包括高中地理的有效教学途径、高中地理的多样化教学方法、高中地理教学媒体的应用以及基于核心素养培养的高中地理情境教学等多个方面。本书力求论述严谨，结构合理，条理清晰，希望能为当前高中地理教学与核心素养培养相关理论的深入研究提供借鉴。

　　在本书撰写的过程中，我们得到了很多宝贵的建议，谨在此表示感谢。同时，参阅了大量的相关著作和文献，在参考文献中未能一一列出，我们在此向相关著作和文献的作者表示诚挚的感谢和敬意，同时也请读者对撰写工作中的不周之处予以谅解。由于作者水平有限，编写时间仓促，书中难免会有疏漏不妥之处，恳请专家、同行不吝批评指正。

作者

2024 年 1 月

目 录

第一章 高中地理教学概述 ……………………………………………… 1

第一节 高中地理教学的功能 ………………………………… 1

第二节 高中地理教学的目标 ………………………………… 8

第三节 高中地理教学的原则 ………………………………… 14

第四节 高中地理教学的师生 ………………………………… 18

第二章 高中地理核心素养的构成 …………………………………… 33

第一节 区域认知素养 ………………………………………… 33

第二节 综合思维素养 ………………………………………… 37

第三节 人地观念素养 ………………………………………… 43

第四节 地理实践能力素养 …………………………………… 48

第三章 高中地理的有效教学途径 …………………………………… 59

第一节 高中自然地理教学的有效途径 ……………………… 59

第二节 高中人文地理教学的有效途径 ……………………… 67

第三节 高中区域地理教学的有效途径 ……………………… 76

第四章 高中地理的多样化教学方法 ………………………………… 87

第一节 发现教学法在高中地理中的应用 …………………… 87

第二节 尝试教学法在高中地理中的应用 …………………… 98

第三节　问题教学法在高中地理中的应用 ……………………………… 104

第四节　反馈教学法在高中地理中的应用 ……………………………… 113

第五章　高中地理教学中教学媒体的应用 ……………………………… 120

第一节　地理教学媒体概述 …………………………………………… 120

第二节　高中地理多媒体课程的教学设计 …………………………… 123

第三节　高中地理教学媒体的选择与组合 …………………………… 131

第六章　基于核心素养培养的高中地理情境教学 …………………… 136

第一节　基于核心素养培养的高中地理情境教学理论基础 ………… 136

第二节　基于核心素养培养的高中地理情境教学实践策略 ………… 147

第三节　基于核心素养培养的高中地理情境教学实施评价 ………… 162

第四节　基于核心素养培养的高中地理情境教学改进建议 ………… 167

参考文献 …………………………………………………………………… 173

第一章　高中地理教学概述

第一节　高中地理教学的功能

一、高中地理教学的德育功能

地理教学的德育功能具有全面性、系统性、现实性等优势特征。地理教学内容和形式富含德育要素。地理教学中的德育要素可以从多种角度考查，如可以分为爱国主义教育、社会主义教育、集体主义教育、艰苦奋斗教育等要素，也可以分为理想教育、观念教育、意志教育、情感教育、性格教育等要素。各种要素分类和整合，适应不同的研究和应用的需要。

（一）思想政治教育

1. 爱国主义教育

爱国主义是中华民族传统美德的核心内容之一，新一代青少年正是这一传统美德的继承者和发扬者，因此培养他们的爱国情感和报国之志显得尤为重要。高中地理教材以其独有形式蕴含丰富的爱国主义教育素材，地理教师可充分利用其优势，广泛挖掘教材本身的爱国主义元素。例如，通过我国优越的地理位置、辽阔的国土、美好的河山、富饶的自然资源和优美的自然风光，让学生感受到祖国山河之美，激发民族自豪感；通过中华人民共和国成立以来，特别是改革开放以来我国在工农业生产、城市和交通建设、商业的发展等方面取得的伟大成就，弘扬社会主义制度的优越性和坚持中国共产党的正确领导；使学生了解虽然我国自然资源丰富，绝对数量居世界前列，但人均资源达不到世界平均水平，有些资源利用不尽合理，一些资源破坏严重的情况，增强学生忧患意识，树立建设祖国的紧迫感和使命感。

2. 正确的全球意识教育

"面向世界"的教育，在学校教育中很大部分是落实在地理学科教学中的。当前地理教学中的全球观教育是以往地理教学中国际主义教育的改革与发展，是为了适应当今世界的全球化趋势。全球意识教育是地理教学中的德育新问题，因此要正确认识这项教育的本质和必要性。

我国地理教学中的全球意识教育，被冠以"正确"这一限定词，说明这项教育具有我国独特的立场和观点，与西方国家地理教学中十分重视的全球观教育具有质的区别。正确的全球意识教育考虑到东西方文化的差异、各国国情的不同，考虑到全球化的趋势与区域化的趋势、各国各具特色的发展趋势的并存，考虑到国家之间的社会生态关系，不存在单一模式，反对强加于人，提倡和平共处。正确的全球意识教育考虑到南北之间的发展差异与合作前景，考虑到发达国家与发展中国家相互依存的关系，考虑到南北之间政治上的平等和经济上的互补问题。正确的全球意识教育是改革开放教育的重要组成部分，树立的是正确的开放观，既反对夜郎自大、盲目排外的意识，又反对崇洋媚外、跟着爬行的意识；树立的是正确的改革观，既要从本国实际出发，又要将本国置于世界背景之下，正确看待改革方向。

3. 辩证唯物主义教育

地理教学中的辩证唯物主义教育，包括自然辩证观教育和历史辩证观教育。自然辩证法援引的例子有很多属于地球科学，学校自然地理教学中含有丰富的自然辩证观教育因素，学校人文地理教学中含有丰富的历史辩证观教育因素。尤其是人地关系教学，是体现唯物辩证观的极好载体，具有极高的教育价值。辩证唯物主义教育不仅寓于系统地理教学中，也寓于区域地理教学中。

（二）个性品德教育

1. 科学态度和创新意识教育

自然地理教学涉及许多自然规律及对自然现象本质的探索，富含科学教育因素；人文地理教学涉及多门人文科学的社会规律及对人文现象的正确认识。因此，地理教学在自然和人文两方面都能培养学生实事求是、遵循客观规律的科学态度以及科学探索的浓厚兴趣和强烈动机。地理教学涉及学科之广，为学校学科教学之最，因而具有独特的科学精神和态度教育优势。

2. 环境伦理和社会生态教育

环境伦理教育是地理教学固有的功能，而明确提出在地理教学中进行环境伦理教育则时间不长。地理教学中的环境教育是事关人类兴衰存亡的重大教育任务。环境问题不仅是认识上是非判断的问题，也是情感上道德判断的问题。地理教学中涉及的许多环境问题案例，也可以揭示其环境伦理层面上的好坏、善恶，只有这样才能促使人们择善而为，不做破坏环境的行为。

社会生态方法对于协调人地关系有重大作用。社会生态的理念和方法随着学校地理课程的改革而愈益重要。树立正确的社会生态观必须通过地理教学中社会生态失调与社会生态协调的事例才能实现。

3. 健康个性和人际关系教育

地理教学内容大到全球，小到乡土，课题都是与人类社会发展密切相关的重大问题。因此，地理教学可以使学生形成崇高的理想、远大的志向、务实的态度、积极的价值取向等健康的个性品质。地理教学中实践活动较多，十分有利于培养学生坚强的意志、艰苦奋斗的精神等良好的个性品质。

地理教学中的人文精神和社会生态理念有利于进行正确人际关系的教育。地理教学能够使人明白，不论是社会中的个人，还是国际社会中的国家，要取得自身长足的发展，都要面临正常的竞争和永久的合作。通过地理问题的教学，人际关系协调的重要性更容易被学生接受。地理教学中较多的实践活动有利于学生体验竞争和合作，有利于培养学生的团队精神。对于比较复杂的地理问题，教师只有在地理教学中发挥群体协作的优势才能解决。

二、高中地理教学的智育功能

（一）知识教育功能

1. 传授地理基础知识

高中教育是学生智力发展过程中的重要阶段，在这一阶段学生所学的各科知识很多都是基础知识。地理教学在高中教育中的一个重要作用就是向学生传授地理基础知识，包括感性知识和理性知识两类。

（1）地理感性知识

地理感性知识由地理名称、地理分布、地理景观、地理演变和地理数据等各种地理事实材料构成，又称为"地理事实"，它反映客观地理事物的表面现象和外部联系。这种地理知识是直观的、具体的，它是形成地理知识体系的基础。只有向学生传授一定数量的地理事实，使学生形成地理观念，学生才能在这一基础上，揭示地理事物的特征，形成地理概念，获得地理理性知识。

地理名称，也可简称为"地名"，是重要的地理基础知识，其他地理基础知识没有地名就无法具体表述和加以区别、比较。地名在经济建设、国防建设以及人们的生活和学习中都具有重要意义。熟记和了解一定数量的地理名称反映了一个人基本的地理文化素质。

地理分布知识即分布在各个国家和地区的地理事实知识，包括政区分布、各种自然地理要素的分布以及人口、民族、资源、经济部门、交通线路、城镇居民点的分布等，内容十分广泛。地理事实的分布具有空间性，都能表示在地图上，这对于培养学生认识地理事物和现象的位置、形成空间概念具有重要意义。

地理景观知识是反映各种地理景象或景色的地理感性知识，包括自然和人文两类，它们反映地理事实的表观现象和外部联系。这种知识直观、形象，容易使学生形成对有关地理事实的印象。学生进一步认识这些地理事实的特点，形成地理概念，对获得理性知识起重要的作用。

地理演变知识是反映地理事物和现象发展变化过程的知识，分为自然地理方面的演变知识和人文地理方面的演变知识，前者如四季交替、地壳演变、水循环等，后者如城市发展、工业布局的变化、交通线路的发展等。这类知识有助于学生建立地理事实随时间推移而发展的动态观念，加深对地理名称、景观及其空间分布的理解。

地理数据，又称地理数字，是对地理事实的定量表述，包括绝对数字、顺序数字和比例数字三类。地理数据在地理知识体系中用于同类地理事实的比较，能直观反映其数量差异，对于认识地理事物和现象的规律，具有巨大的作用。

（2）地理理性知识

地理理性知识由地理特征、地理规律、地理成因等基本原理构成，故可简称为"地理原理"。它是反映地理事实的本质特征和内在必然联系的知识，这种地理知识是概括的、抽象的，是地理感性知识的进一步升华和发展。地理教学不仅讲授地理感性知识，而且在讲解地理名称和数据、地理分布、地理景观的基础上，进一步引导学生进行思维活动，对感性材料进行分析、概括，总结地理特征，找出地理规律，分析地理成因，使学生不仅知道"是什么""在哪里"，而且知道"怎么样"和"为什么"，形成较为完整的地理知识体系，从而培养学生的地理思维能力，特别是比较、分析、综合和逻辑推理的能力。

地理特征是反映各种地理事物和现象异同点的地理知识，包括一般地理特征、个体地理特征和区域地理特征三类。一般地理特征反映同类地理事实的共同本质属性，如河流的特征；个体地理特征反映特定的地理事物和现象的本质属性，如长江的特征；区域地理特征反映某一区域的自然和经济特征，表示这一范围内许多个体地理事实的共同本质属性，如我国河流的特征。这三类特征讲授的，能使学生从地理事实的共性、个性和区域性上认识其本质属性，是形成相应概念的前提。

地理规律是反映地理事物和现象必然联系的规律性的地理理论知识，包括地理演变规律和地理分布规律，是地理演变知识和分布知识的深化与发展。地理演变知识的讲授能使学生学会在认识各种地理事物和现象发展变化过程时运用抽象思维，从中概括出规律性；地理分布知识的讲授能使学生学会分析不同数据、判读各种地理分布图，并从中分析、概括出不同事物空间分布的规律性。

地理成因是反映地理事物和现象的因果联系、揭示地理特征和地理规律形成原因的地理基础理论知识。在地理教学中，教师不仅要教给学生某些地理事实，使学生掌握若干地理特征和规律，而且要使学生认识这些地理事实、地理特征及规律的产生原因，解决学生在认知过程中必然产生的"为什么"的问题，使学生形成完整、系统的地理理性思维，并锻炼和发展他们的智力。

2.培养地理基本技能

培养地理基本技能常与传授地理基础知识合在一起，称为地理教学中的"双基"教学，两者构成地理教学活动的主体，是提高学生地理素质的主要途径。

培养学生的地理基本技能就是培养学生将所获得的地理知识用于实践的能力，即实际运用地理知识的能力。教师只有通过地理基本技能的培养，才能使学生将所学到的地理基础知识巩固下来，学生再经过反复运用，进一步加深对基础知识的理解。这种反复运用的过程，就是地理教学中的练习。教师通过练习，可以培养学生的地理观察能力、地理想象能力、地理记忆能力、地理思维能力和实际操作能力，还可以充分调动学生的学习积极性、主动性，拓展学生的学习思维，使学生理解学习过程，学会学习方法，以提高教学的效果。

学生学习、掌握一定的地理技能，不仅是获取和运用地理知识的必备条件，而且是提高自身地理能力、发展自身智力的重要途径。学生具备了一定的地理技能，就可以独立地、随时随地地吸取地理新知识。因为学生在学校的时间是有限的，在课堂内学习更是无法将所有的知识学到手，所以教师培养学生独立获取新知识的能力比传授知识更为重要。这就要求教师在教学中一定要运用各种教学手段，采用多种方法和途径让学生掌握基本技能，以独立获取新知识。学生掌握了这个"金钥匙"，就会觉得经常有新的知识可学，就会不断地寻求知识、发现知识，向更深、更广的知识领域进军。

（二）能力教育功能

地理教学中的能力教育，即能力培养，也可以从不同角度加以分析。例如，可以从动脑的智能的形成和动手的技能的形成来讨论，也可以从信息的接收、加工处理、存储、提取、运用等环节的能力形成来讨论。这里仅从学习能力、实践能力和创新能力三个层次来讨论地理教学的能力教育功能。

1.学习能力教育

学习能力是在学习实践中逐步形成的，不能脱离教学过程来培养学习能力。一切学校教学的最终目的都不是教学过程中所传授的有限知识，而是以有限的基础知识为媒介，使学生学会学习。学习能力是多方面的，地理教学中的学习能力因素具有全面性、实用性特点。

地理教学所涉及的知识非常广泛，这些知识具有较强的边缘性、交叉性、综合性，在地理知识的教学中，能使学生形成多种学科的乃至多学科综合的学习能力。例如，文理交叉的学习能力、多因素综合的学习能力。

地理教学的形式多样，既要动脑，又要动手，而且所涉及的智能和技能类型比较齐全。地理教学中能力培养的优势广泛体现在观测能力、操作能力、制作能力、读图和绘图能力等技能方面，以及观察能力、思维能力、想象能力和记忆能力等智能方面，在各科教学中是突出的。地理教学的方式多样，有利于培养自学能力和集体学习能力、课堂学习能力和课外学习能力、学校学习能力和社会学习能力等。

2.实践能力教育

地理教学具有很强的实践性，在实践能力培养方面具有独特的优势。长期以来，学校教育存在一个误区，即将地理教学中实践能力的培养看作单纯技能的培养，贬低了地理教学在能力培养方面的价值。其实，地理教学中所培养的实践能力同所培养的学习能力一样，都是由智能和技能组成的。在地理教学过程中，学习能力与实践能力发展的机会都很多，学习—实践—再学习—再实践，如此循环往复，是地理教学中能力发展的必由之路。实践并不仅仅是学习成果的简单再现，更重要的是学习成果在新情境中的应用和升华，从而获得知识与实践能力的双发展。

3.创新能力教育

创新能力教育是能力教育中最高层次的教育。地理教学在创新能力教育方面也有其独特的优势。地理教学中创新能力的培养，基于比较广泛、比较齐全的学习能力和实践能力的培养。见多识广、动脑动手机会多，是创造意识和创造能力形成的沃土。

地理教学内容有许多闪耀着创造性光辉的范例。从科学假说到科学技术，从古代、近代到现代，地理教学由此而拥有较多的创新能力教育案例。在地理教学内容中，不乏有待探索的重大问题、有待破解的科学之谜，对于激发学生的创新意识非常有利。

地理教学中思维能力的培养，既有收敛式的，又有发散式的；既有正向的，又有逆向的；既有归纳演绎，又有类比；既有逻辑思维，又有辩证思维。地理教学中智能的培养，最突出的是想象能力，其中包括再造性想象与创造性想象。这些因素都有助于创新能力的培养。

三、高中地理教学的美育功能

地理教学中的美育因素，也像地理教学中的德育因素和智育因素一样丰富。地理教学中的美育功能也可以从不同的角度加以分析，这里仅从自然美、人文美、人地协调美三方面加以讨论。

（一）自然美教育功能

地理教学中的自然美教育功能，主要体现在自然地理教学内容中。自然地理教学广泛，涉及各种自然景观，宇宙、海陆、山川、自然生态等无所不及，自然景观美体现得比较全面。

地理教学内容已从静态发展到动态，无论是按地质年代还是按人类历史，无论是沧桑巨变还是时令瞬变，自然地理演变的动态美都在地理教学中有比较充分的体现。

地理教学中的远足考察方式以及多媒体演示方式，都能将自然美展现得比较充分，并借此培养学生对自然美的鉴赏意识和审美能力。

（二）人文美教育功能

地理教学中的人文美教育功能主要体现在人文地理教学内容中。人文地理教学广泛涉及各种人文现象和人文景观，包括人种、民族、城市、乡村、农业生产、工业生产、交通通信、贸易、文化、旅游、政治等，其中有大量的多姿多彩的人类创造的物质文明美和精神文明美。地理教学介绍的人类社会的时空差异，可以使当代当地学生欣赏到时空异质美，以及人文现象演变的节律美、人文现象分布的规律美。地理教学为学生提供了深入社会进行观察和调查的机会，多媒体手段对此做了补充，有利于培养学生人文美的审美意识与能力。

（三）人地协调美教育功能

随着社会的进步，社会审美观念也在更新，人地协调美已成为全球追求的高层次美。人地协调美的教育作为最高层次的美育，落脚到地理教学之中，地理教学的美育功能因此而价值倍增。

随着地理课程的更新，无论是区域地理教学中，还是人文、自然地理教学中，都贯穿着以人地协调美为核心的美育主线。地理教学揭示了许多全球性人地关系失调问题，揭露这些人类社会的"家丑"，正是从反面进行人地协调美的教育。地理教学中的可持续发展教育蕴含着地理教学中最高水平的美育，可以充分体现人地关系的对称美、和谐美和协调美。人地关系的协调美不只表现为自然生态美，也体现为社会生态美，如民族和睦美、社会进步美、国家统一美、世界和平美等。

第二节　高中地理教学的目标

一、高中地理教学目标的内容

高中地理课程的总目标是通过地理学科核心素养的培养，从地理教育的角度落实立德树人根本任务。具体目标如下：一是学生能够正确看待地理环境与人类活动的相互影响，深入认识两者相互影响的不同方式、强度和后果，理解人们对人地关系认识的阶段性表现及其原因，认同人地协调对可持续发展具有重要意义，形成尊重自然、和谐发展的态度。二是学生能够形成从综合的视角认识地理事物和现象的意识，对地理各要素之间的相互作用关系有较强的分析能力，并在一定程度上解释地理事物和现象发生、发展的过程，从而较全面地观察、分析和认识不同地方的地理环境特点，辩证地看待地理问题。三是学生能够形成从空间－区域视角认识地理事物和现象的意识，对地理事物和现象的空间格局有较强的观察力，并运用区域综合分析、区域比较、区域关联等方法认识区域，简要评价区域现状和发展。四是学生能够运用所学知识和地理工具，在室内、野外和社会的真实环境下，通过考察、实验、调查等方式获取地理信息，探索和尝试解决实际问题，具备活动策划、实施等行动能力。

二、高中地理教学目标的功能

（一）指导教学的功能

对地理教师来说，地理教学目标给教师提供了教学上明确的知识、技能、情感等多维度的目标和教学方法的依据。教师在设计地理教学目标的过程中，必须深入钻研教学大纲（课程标准）和教学内容，并对学习对象等做出系统分析，综合考虑教学方法、教学组织形式、教学媒体、教学评价等方面，以利于整个教学过程的优化。简而言之，要教有目标。地理教师要编制好地理教学目标，不但要有较扎实的学科专业知识和相关学科知识，还要掌握一些教学设计的基本原理、方法和技能。地理教师只有通过这些知识的学习和运用，掌握地理教学目标的设计，其教师素质和教学水平才会提高。学生明确了地理教学目标后，可在学习中减少盲目性，确定学习重点和难点，从而更好地制订学习计划，学好地理基础知识和技能，即学有目标。

（二）激励功能

目标作为观念形态的价值意识反映了人的需要，当需要带着清晰而明确的目标和目的意识，并延伸到人的行为领域同行为相联系的时候，则形成动机。在地理教学中，地理教学目标确定以后，学生产生要达成目标的强烈渴望，形成学习动机。同时，学生由于了解了确切的学习目标与要求，在达到教学目标以后，会增强学习的成功感，从而进一步激发学习地理的积极性，而且在以后的学习中更有把握。

（三）评价功能

现代教学目标理论兴起的原因就是现代教育评价学的需要。一方面，地理教学目标为地理教学科学评价提供了客观标准。有的专家认为，评价一堂课的好坏，标准只有一个，那就是看教学目标是否达到。这种说法虽失之偏颇，但也不无道理。在目前的地理教学评价体系中，地理教学目标也是教学评价的一个重要指标。它主要通过对教学目标设计、教学目标表述、教学目标的完成等进行教学质量方面的考核。另一方面，对学生学习的测评来讲，有了教学目标的具体指向，就可以实行以地理教学目标为标准的参照测试，教学目标提供设计标准参照测试题的基础。所以，教学目标也具有检测教学效果的功能。

三、高中地理教学目标的设计

（一）高中地理教学目标设计的依据

1. 社会需要

设计地理教学目标要依据社会需要，并能使它体现出促进社会发展是地理教学的根本目的之一。地理教学活动从产生的时候起，就体现了它的发展总是与社会的政治、经济、文化密切相关的特性：从 15 世纪的地理大发现（资本主义初期生产力蓬勃发展，商业、航海业的范围不断扩大）、17 世纪地理课程开始进入西方的学校学科教育（商业的发展与交往联系的扩大、对市场及原料掠夺竞争的日趋激烈，对地理教学提出更高的要求）、19 世纪现代地理学及现代地理课程的兴起，到当今 21 世纪可持续发展观念成为地理教学的重要内容，都充分说明了地理教学活动是一定社会需要的产物，这种社会需要集中体现在地理教学的内容中，往往以纲要的形式规定在地理教学大纲（课程标准）之中，并以地理教学目的的形式确定下来。所以，在设计地理教学目标时，社会需要是首要的依据。

2. 学生的身心发展规律

学校地理教学是控制并促进学生发展的过程。因此，在设计地理教学目标的过程中，学校必须结合学生的身心发展规律，从学生的实际水平和实际情况出发，制定科学的地理教学目标。这里的身心发展规律有如下两方面的含义：

一是指不同年龄阶段的学生有不同的生理、心理发展的特征。例如，按学生认识能力的发展特征，地理教学目标的设计应由简入繁、由浅入深。从发展阶段而言，与中小学阶段相比，高中阶段学生的思维过程能逐渐摆脱直观形象和直观经验的限制，其逻辑思维能力优于初中阶段，在情感和意志方面也不再满足于幻想，而是在对社会、自我认识的基础上，构建人生理想。所以，高中地理从学科体系上更注重地理科学知识的系统性，同时也要使学生形成人地协调发展意识，尤其要认识现在和未来社会可持续发展的必要性与主要途径。教学目标的设计应注意地理规律与地理问题的应用、分析、综合方面的具体设定。

二是指学生的个体差异。学生无论是在内在的潜能、先天的素质，还是在外在的生活环境等方面都存在差异，学生的发展程度不同是我们在设计地理教学目标时应充分考虑的因素。体现在地理教学目标中，我们应注意目标设计的起点，使教学目标不脱离大部分学生的实际需要。

3. 地理学科的特点与内容

任何一门课的教学都必须掌握这门学科特点以及学科内容。地理教学目标的设计是为地理教学服务的，当然更不能脱离这一中心，否则必然会失去地理教学的科学性。

首先，地理学科主要有以下几个特征：①综合性。地理学科的研究范围十分广泛，涉及大气圈、水圈、岩石圈、生物圈与人类智慧圈五大圈层的各种地理要素以及它们之间的相互关系、发展变化的过程。所以，地理学科不只反映客观世界的单一要素和单一过程，而且从整体反映人类周围的客观世界，即地理环境。所以，综合性是地理学科的一个重要特征。②地域性。任何自然和人文的地理事象最终要落实到一定的地域空间。地域的整体性和差异性是地理学科的核心内涵之一，更是地理学科区别于其他学科的最本质特性。③开放性。地理学科内容所包括的五个圈层系统都呈开放的状态，每时每刻都与外界系统发生着物质、能量、信息的传递与交流。这种开放性的特点使得地理学科横跨自然学科与社会学科，与物理、化学、生物、历史、政治等自然、社会学科相互联系。④实践性。地理学科本身是人类在实践的基础上形成并不断发展的，因此对地理环境的正确认识，要与实践密切结合。

其次，从目前的高中地理教学内容来说，高中地理主要以人地关系为主线，讨论地球的整体自然环境及地表上人类活动的基本规律和问题。概括来说，地理学科的内容主要包括以下四个方面：①研究地面各种地理事象的分布，并探究其原因；②反映地理事物与地理现象间的相互联系和地区差异性；③探寻地理事象变化发展的规律；④阐明人和地理环境的正确关系。教学目标的设计自然也要围绕这几方面内容展开。

（二）高中地理教学目标设计的要求

1. 系统化

设计地理教学目标的系统化要求，主要有三个含义。

首先，要遵循教学目标自身的系统性特征。现代教学论指出，教学目标实际上有教育目的、培养目标、课程教学目标、单元教学目标和课时教学目标五个层次，它们通过不断地具体化，由上而下形成一个完整的体系。对高中地理教学而言，地理教育目的、培养目标、地理课程教学目标都已由国家的教育方针政策、课程计划、教学大纲（课程标准）做出规定，对广大地理教师来说，地理教学目标的设计主要是设计单元教学目标和课时教学目标。在进行这两种教学目标设计时，教师必须考虑到目标体系的系统性，即目标的横向作用和纵向联系、各层次目标的连续性和递阶性，以达到目标间的相互联系、相互促进。

其次，在设计地理教学目标时，要综合考虑和分析地理教育教学系统的各个要素，如教师、学生、课程内容、教学条件等，其中包括分析地理教师的专业水平、学生的心理生理条件及社会背景等。

最后，设计地理教学目标也要把地理教学目标的设计看作教学设计过程的一个步骤。一般认为，教学设计的理论模式包含四个基本因素：分析教学对象、制定教学目标、选用教学方法、开展教学评价。教学目标的设计是居于这一设计系统过程的基础和中心位置的，与其他各项间相互制约、相互联系，在教学目标的设计中，要综合考虑、全面平衡。

2. 具体化

设计地理教学目标的具体化是指教学目标的表述力求明确具体，可观察和测量，避免用含混不清和不切实际的语言表述。例如，在教学目标的表述中出现"培养学生对大自然的审美和观察力""发展学生地理综合分析能力""体会我国劳动人民的勤劳与智慧，升华热爱祖国的思想感情"等，这些表述往往是用描述内部心理的词语来描述的，而这样的内部心理状态是无法明确和观测的，所以这样的地理教学目标是不精确、不适合的。

四、高中地理教学目标的再设计

所谓再设计，简单来说，就是再次设计。进行地理教学目标再设计，对运用地理教学目标设计理论，解决地理教学目标设计中的问题具有重要意义。

（一）地理教学目标再设计的意义

正确认识地理教学目标设计存在的问题是解决地理教学目标设计存在的问题的前提。当前，高中地理教学目标设计存在一些普遍的问题，如地理教学目标设计抽象、空洞等。产生这一问题的基本原因是对地理教学目标在地理教学中应该发挥的功能认识不够，即对地理教学目标应该发挥的指向功能、评价功能、激励功能的理解不够。没有操作意义的目标设计（包括表现性目标）是没有意义的。

此外，地理教学目标设计关系模糊也是较为常见的问题。产生这一问题的根本原因是对地理教学目标"知识与技能""过程与方法""情感、态度与价值观"的内容不清楚，特别是对"过程与方法"的内涵不清楚。其中，"地理过程"包括地理观察、地理分类、地理交流、地理推断、地理预测和认识空间 – 时间关系等基本要素，"地理方法"主要涉及地理观察、地理实验、地理调查、地理比较、地理关系与综合、地理归纳与演绎等。同时，对"知识与技能"（首要目标）、"过程与方法"（关键目标）、"情感、态度与价值观"（终极目标）的统一性认识也较为模糊。

观念上不够重视地理教学目标设计，必然导致地理教学目标设计在地理教学设计中的地位不明确，不能发挥地理教学目标在地理教学设计和地理教学实施中的功能。而对教学目标的再设计可以在很大程度上纠正上述问题，使教学目标设计更为科学，充分发挥教学目标在高中地理教学中的作用。

（二）地理教学目标再设计的路径

1. 基于遵循地理教学目标设计依据和陈述方式规范性的再设计

一般而言，教学目标的再设计是基于教学实践过程的反思，对原有的教学设计进行修改或重新设计。何时须要对教学设计成果进行修改，应该从四个方面来考查：一是教学材料是否过于陈旧（是否有重要的新知识非常适合教学，但教学大纲中没有要求）；二是所设计的教学活动是否引人入胜（学科材料是不是无法引起学习者的兴趣，即使是那些最聪明的、最有探究意向的学习者）；三是是不是呈现方式较差，使学习者无法接受（即使是大多数学习者都有兴趣的内容，也没有触动学习者的兴趣）；四是是不是教学的质和量都无法促进学习（是否有迹象表明，无论怎样教学，学习者的学习效果都没有改变）。这些观点对于明确教学目标的再设计具有启发性。

高中地理教学目标的再设计主要是对地理教学目标设计文本研究的思考。其判断的依据主要是地理教学目标与地理课程标准、地理教学内容和学生发展需要等关系，以及地理教学目标陈述方式规范性等方面，试图通过地理教学目标设计实践，提供可资借鉴、指导的示例，为地理教师进行地理教学目标再设计做参考。

2. 基于遵循地理教学目标设计原则和学生差异性的再设计

地理教学目标设计应该遵循系统性、全面性、差异性和可操作性的基本原则。坚持系统性原则有利于处理好教育目的、地理课程总体目标与地理课堂教学目标及其教学实践的关系；坚持全面性原则，有利于落实三维目标，对发挥"知识与技能""过程与方法""情感、态度与价值观"的教育教学功能具有重要意义；坚持可操作性原则，有利于发挥地理教学目标的指向性、激励性、评价性和反馈性功能；坚持差异性原则，有利于促进每位学生的发展，最终实现"为了中华民族的复兴，为了每位学生的发展"的教育夙愿。

长期以来，地理教师在进行地理教学目标设计时，往往是根据某一课题的教学任务，设计出只有一个水平层次的教学目标作为完成教学任务的基本标准，而忽视了学生之间客观存在的差异性与多样性。由于学生之间学习背景不同，原有的学习基础和经验不同，智力尤其是非智力因素存在差异，学习起点也不尽相同，如果教师用一个水平层次的教学目标要求所有学生，教师的主观愿望与学生客观存在的差异性、多样性和不同需求明显不符，这种教学目标是不可能实现的，或者说，教师制定的教学目标只有部分学生或少数学生能够实现，其余学生或大多数学生是不能实现的，这些学生是在"没有教学目标"的状态下进行学习的。如此往复，不少学生就渐渐地真正远离了教学目标。地理教学目标的设计要体现准确性、全面性，应是在分析学生学习背景、学习需要的基础上，承认差异、尊重差异、善待差异，依据课程标准和教学内容，结合学生实际设计教学目标。教学目标设计应具有差异性，差异性与学生的发展是并行不悖的。

运用梯度式设计策略能针对学生原有基础和智力水平层次不同的实际情况，提出不同的目标和相应的教学策略，这样就能使水平较差的学生建立信心、成绩好的学生更加努力；在课堂上有步骤、分层次地向学生展示知识结构，分层次设置思考题，激发不同学生的求知欲望，并使较差学生经过一番努力都能得到发展。

梯度式设计策略就是教师在进行教学目标设计时，根据高中地理课程标准，结合学生的差异特征和认知发展规律，按照教学内容，由低到高、由易到难，设计具有不同要求、不同层次的地理教学目标，以促进不同智力结构的学生发展。

第三节 高中地理教学的原则

一、高中地理教学原则制定的思想指导

制定地理教学原则是一项复杂的理论建设工程，要综合考虑诸多因素。目前这项理论建设在地理教学论理论建设整体上又处于相对薄弱的状况，所以要制定一套比较完整适用的地理教学原则，必须有明确的指导思想。

（一）明确地理教学原则的定位

1. 地理教学原则有其特定的地位

一个原则体系，如果没有特定的地位，适用范围大小不定，那么这个原则体系不是空泛化就是受束缚。这两种偏向都不利于提出恰当的地理教学原则的表述。地理教学原则属于地理教学方法论的范畴，不能奢望其代行地理教学论总体法则的功能，也不能将其局限于具体的教学方法范畴或某种教育的法则范畴，地理教学原则应当界定为地理教学过程的活动准则，应当涵盖地理教学全过程。

2. 地理教学原则受制于地理教学目的

地理教学原则从地理教学目的出发来指导实现这些目的的行动过程。不能偏重地理教学目的中的哪一个侧面，也不能按照地理教学目的分类来逐一提出相应的原则（重复地理教学中的诸育法则），地理教学目的是综合地体现在地理教学过程中的，地理教学过程是诸育的统一。当然，地理教学原则也不能突破或违背地理教学总目标的要求。

3. 地理教学原则与地理课程设置原则是相互联系的

地理课程总体上还是由国家制定的。地理课程设置原则在时间上先于地理教学原则，地理课程设置原则制约地理教材编制原则，地理课程、课程教材制约着地理教学原则。同时，地理课程、教材及其编订原则贯彻在地理教学过程中，受地理教学原则检验。

（二）覆盖地理教学过程实质的各个方面

1. 地理教学原则指导地理教学过程中各种教育功能的发挥

地理教学原则不仅指导地理教学过程中各种教育的单项法则，而且对协调地理教学

中的各种教育起重要指导作用。由于地理学科的特点，地理教学中诸育功能都很强。因此，地理教学原则应当充分发挥各种教育功能。

2. 地理教学原则指导地理教学中的师生互动

现有的各种地理教学原则体系一般都是对地理教师的要求，很少涉及学生的学习活动以及师生的互动。既然地理教学过程是师生教与学的统一，地理教学原则就不能局限于教师教导的层面，而应指导师生活动的全局。

3. 地理教学原则指导地理教学各种方法的优化组合

鉴于地理教学方法方式多样，地理教学原则要求师生应当在掌握各种教学方法的基础上，优选各种适用的方法方式，并且实现优化组合。这也是现有各种地理教学原则体系中注意得不够的地方。

二、高中地理教学的具体原则

（一）五育结合转化的原则

1. 教学计划充分考虑五育结合转化问题

在制订地理课程教学计划、单元教学计划和课时教学计划时，教师要充分挖掘德、智、体、美、劳五育因素，充分考虑五育因素如何在地理教学过程中综合体现，并进一步考虑五育之间如何相互转化的问题；要逐步让学生了解和参与教学计划的制订，并过渡到让学生独立制订学习计划，逐步形成五育结合和转化的学习习惯。

2. 灵活选择作为载体的教育因素

在地理教学过程中充当载体的教育因素不应局限于知识教学因素。从具体教学内容出发，教师可以灵活选择各种教育因素作为载体，兼容其他教育因素。例如，在能力因素突出的地理教学单元，教师可以设计以能力因素为载体，将知识教学、品德教育、美育、体育和劳动教育因素寓于能力培养过程之中；在思想观念教育因素突出的地理教学单元，也可以以观念、意识、情感等因素为载体，融入智育、美育、劳动教育和体育因素。

3. 根据五育结合转化的要求处理教材

严格按照地理课程所规定的地理教学目的来审视地理教材，教材有缺陷的或五育结合转化须要适当延伸的，要做必要的处理，由师生共同补充一些内容。应提高对五育的要求，修改补充教材不足之处，不能以教材为纲来实施地理教学过程。对教材内容和形式进行处理和再创造是地理教学过程中师生共同的经常性教学任务。

4. 按照五育要求改进教学评估

地理教学评估必须贯彻地理教学原则，应按照五育的要求，彻底地改革目前的地理教学评估方法，既要改进对地理教师的评估办法，也要改进对学生的考核办法，应当把促进五育结合转化作为地理教学评估的首项标准。为了全面切实评估五育效果，必须改革现行的地理教师评估标准体系和学生考核标准体系，既要扩充评估内容，又要增加相应的评估形式。地理教学评估必须引进过程评估、现场评估、操作评估、应用评估等多种做法，充实和完善地理教学评估体系，促进五育结合转化原则的贯彻。

（二）综合分析人地关系的原则

1. 构建以人地关系为主线的教学内容体系

地理教学内容体系，无论是课程整体还是各单元各课时，都必须构建以人地关系为主线的结构。地理教师和学生应当在地理教学过程中养成这一教学习惯。教师要逐步教会学生构建人地关系内容结构的方法，并从中让学生逐步深化对人地关系含义的认识，使学生学会用人地空间关系这一最高层次地理概念统摄地理学习过程。目前的教材在不少地方还不能满足以人地关系为主线的要求，师生应在地理教学过程中做必要的处理。

2. 培养综合分析人地关系的习惯和能力

构建以人地关系为主线的地理教学内容体系的过程，就是综合分析人地关系的过程。在地理教学过程中，教师要示范综合分析的方法，让学生了解综合分析的目的和含义，先将综合分析过程分解为"分析—综合—再分析—再综合"的过程，让学生了解如何根据后面综合的需要来选择分析的角度，如何在分析过程中揭示各种有利于综合的关系和联系，如何在综合的过程中区分主要因素与次要因素，等等。每个地理教学过程无论长短，都要进行综合分析，并最终提高到综合分析人地关系的层面上来。

3. 树立社会生态观点

在综合分析人地空间关系的过程中，要逐步树立社会生态观点，逐步增强运用这一观点综合分析人地关系的自觉性。社会生态观的理解和形成，不能脱离人地关系综合分析。在地理教学过程的早期，要让学生逐步了解什么是人类活动、什么是地理环境，理解环境及其主体的相对性。不是从概念的字面上，而是从具体分析人地关系的案例中学会社会生态观念和方法，学会分析主体与环境的相互作用和相互关系。

（三）事理兼学、图文并用的原则

1. 采取原理与案例结合的教学方式

贯彻这项原则，必须改变目前还常见的地理事实教学与地理原理教学相分隔的局面。

要用地理原理来统摄地理事实，在地理事实教学中提炼出地理理性成果，切不可停留在具体、直观的层面。在信息社会里，特别要防止地理教学养成一批发达国家已经出现的直观形象思维青少年，克服对从感性认识到理性认识过渡的惰性。作为地理原理的案例，不一定千篇一律地采用教材中的例子，可以从当地实际情况出发，采用更接近学生生活的典型地理案例。在学生初步了解地理原理之后，再去分析教材中的例子。

2. 采用图文结合的表述方式

在地理教学过程中，要逐步培养使用两种语言，即文字语言和图像语言。师生之间，不但在文字上要有共同语言，在图像上，尤其在地图以外的图像上，也要有共同语言。一定要把地理教学图像从"插图""附图"的地位上解脱出来，使其成为与文字并列的表述方式。教师应视具体教学内容的性质，而决定采用哪种语言作为主表述方式。必要时，可以转换表述方式，即所谓图文转换，在地理教学过程早期可以做一些转换的示范和练习。一个相对完整的地理教学过程，往往要经过"图—文—图—文"多次循环表述，不要停留在某一个中间阶段。纲要信号是图文转换的中介，可以经常使用。既要学会用图来整理地理事实材料，揭示其中的规律，从感性认识上升为理性认识，又要学会用图来解释地理原则，演绎地理原理于具体特定情境，从第一次概括学习上升为具体应用的抽象，并为第二次概括学习打基础。与此同时，也要学会用文字来准确地概括图像信息或解释图像信息。图文结合的表述方式对地理教师、对学生来说都是必须具备的基本功。

（四）发散探索、创新应用的原则

1. 提高思维自由度

利用地理教学内容的多样性和联系性，不拘泥于教材中的思路和结论，向地理教学内容的各个分支方向大胆思索，提高思维的自由度。地理教学内容中有许多一因多果或一果多因的复杂情况，可以加以利用，以培养发散性推导的勇气和能力。同一原因引出的相反结果及发散思维正反两方面的结果，都有很高的思维能力培养价值。地理科学研究中的许多悖论可以作为发散思维的训练机会。

2. 参考实际规划研究

地理教学成果的创新性应用主要表现在区域整治和发展的规划设想上。局限于课堂教学和教材是不能培养探索创新态度和能力的，必须参与当地实际整治和发展的课题研究，才能找到发散思维和创新应用的机会。当地的土地利用规划、环境治理方案、经济发展规划、环境保护规划等，都富含发散、创新的因素。地理教师要在当地实际规划研究中起示范作用，教会学生规划研究的方法。

（五）师生互动、优化有序的原则

1.以师生互动过程设计教学过程

地理教学过程的设计，不再是地理教师单方面为教师行为所做的设计，也包括学生地理学习过程的设计，不能将师生的行为分开来设计，而应当将师生行为结合起来加以设计，即以师生互动为主线来设计。设计特别要注意不能让学生的学习方法迁就教师的教导方法，而应当摆正主体与中介体的位置，从服务学生的立场来设计教师行为，并求得与学生之间的有效互动。目前，一些地理教师一厢情愿地从自身的特长出发，设计了一些对成人或某些学生来说容易接受的、逻辑关系严谨的教学过程，却没有得到大多数学生的积极回应，而使一些精心设计的"优质课"行之无效，这在地理教学改革中应引起特别的注意。

2.保持师生教学目标的一致

地理教学过程中，师生活动的有效性在很大程度上取决于师生教学目标的一致性，以及由此而产生的师生互动的协调性。师生教与学目标的一致性不局限于以教师为地理教学信息源。在信息时代，地理教师不再是除教材外的主要信息源，教师教导的作用层次更高，主要是指导学生利用各种地理教学信息源提取、加工地理信息。换言之，地理教学过程中的主体、中介体和共同目标都指向客体，即地理课程。师生教学目标一致，才可能发生朝向共同目标的师生互动，教导方法和学习方法才可能协调一致。

第四节　高中地理教学的师生

一、教师教学理念的变革

观念是行动的灵魂。对教学而言，教师具有怎样的教学观念，就会有怎样的教学策略和教学行为。在以往的教学过程中，教师认为自己只是教材知识的阐释者和传递者，学生只是教材知识的接受者和吸收者。在这种观念的支配下，地理课堂教学的过程就成了教师"表演"的过程，教师始终处于教学活动的中心，学生总是配角、听众或观众。现在，新课程倡导的教学过程，不仅仅是教师教、学生学的简单过程，更是一种师生相互交流、积极互动、共同发展的双边活动过程。教学过程也不仅仅是学生接受知识的过程，更是学生发现问题、分析问题、解决问题、形成能力的过程，是激发学生兴趣、提高学生科学素养的过程。

（一）以人为本，实现师生共同发展的理念

长期以来，广大地理教师在教学过程中一直充当课程实施者的角色，他们的创造性受到了压抑；学生充当的是听众，他们的灵感和思维也被凝固了。新课程要求改变"学科本位"的思想，呼唤教师和学生主体意识的增强，促进教师和学生的共同发展。

新课程呼唤教师主体地位的凸显，要求教师以主人的身份参与到课程改革及教学当中，因此他们不再是课程简单的实施者，不再是教学的简单执行者，也不再是学生学习地理的导演。新课程的实施要促进教师的发展，要让教师与新课程同步成长。没有教师的发展，也就没有学生的全面发展。

新课程呼唤以人为本，即以学生发展为本的理念。长期以来，学生一直作为受教育者，作为被教育的对象，作为接受知识的容器，服从于教材、服从于教师，听话者便是好孩子，高分者便是好学生，学生的自主意识、创造性思维被扼杀。学生整天处于被动应付、死记硬背、机械训练之中，失去了青少年应该有的活泼天性、自我意识。新课程实施要改变这种现状，让不同层次的学生都得到发展，让学生真正成为学习的主体。

此外，实现师生的共同发展还要建立平等的师生关系。在传统的地理课堂上，教师处于一种绝对的"领导"地位，学生处于被动的、屈从的地位，课堂上强调的是教师对教学过程的控制，关注的是地理知识或地理技能的传递，注重的是学生接受地理知识的多少。不考虑学生的智力差异和接受能力，不考虑学生在课堂上的感受，课堂教学只有单向的"灌输"与"接受"的信息传递。而在新课程倡导的教学过程中，教师与学生是人格平等的主体，教学过程是师生平等对话的过程，教师是课堂教学的组织者和平等的参与者。在课堂中，师生双方要"捕捉"和理解对方的所想所思，并为达成最终的教学目标进行积极的互动和对话。对话的内容不仅包括知识信息，而且包括情感、态度、行为规范和价值观等各个方面，对话的形式是活泼多样的。

（二）追求地理教育价值的理念

知识与技能、过程与方法、情感态度与价值观三个方面的整合，是新课程的价值追求，也是高中各个学科共同的课程目标框架。

传统的地理课堂教学过分强调认知目标，教师在课堂上十分注重地理知识和地理技能的传授，忽视对学生智力的开发、情感的挖掘、态度的培养等，这是片面认识学生发展、坚持"知识本位"理念的一种体现。

新的高中地理课程改革追求地理的教育价值，以促进学生的全面发展，力求做到知识、能力、态度的有机整合，实施地理素质教育来构建地理课堂教学的目标框架。因此，课堂

上教师的首要任务是培养学生正确的地理观念，以及运用地理观念分析和解决问题的能力。广大地理教师要引导学生关注现代社会中的人口、资源、环境问题，以及我国改革开放与社会主义现代化建设中的重大地理问题，弘扬科学精神和人文精神，培养学生的地理创新意识和实践能力，增强他们的社会责任感，强化可持续发展观念，帮助他们形成文明的生活与行为方式，这是时代赋予高中地理教育的使命。

二、教师教学模式的变革

（一）从注入式到启发式教学的变革

1. 启发式教学概述

（1）启发式教学的理论基础

启发式教学是基于大量学习理论发展起来的。例如，布鲁纳的发现学习理论指出，学习不仅要让学生掌握知识，更要让学生去享受探索知识、原理的过程；再如，美国认知教育心理学家奥苏贝尔的有意义学习理论核心在于创设问题情境，引发学生对知识的兴趣，激发学生学习的内在动机，使学生产生需要学习的心理。另外，自然科学方法论的基础是自然现象和科学实验，用科学方法展开的探索过程。它根据提出问题、分析探究、解决问题、迁移发展（再提出问题）来确定教学程序，对学生智力的发展和提升有很大帮助，有利于培养学生独立求知和研究能力。这些理论都支撑着启发式教学模式的发展。

（2）启发式教学的基本原则

注重知识的传授，更强调思维能力的培养，实现人的全面发展。现代启发式教学实现从以知识传授为主转变为促进人的全面发展，以培养创新和实践能力为主，从而达成在知识、能力和素质上促进学生协调发展的素质教育目标。

坚持教师的主导与学生的主体相结合。教学要始终体现以学生为主体、以实验为基础、以能力方法为主线的精神，强调教学的探索性和研究性，有计划地培养学生的各种能力，继而更多地体现学生的主体地位。

开放式教学。启发式教学在教学过程和方法上，注重师生之间的交流，强调开放性与不确定性，注重学习过程与认识过程的统一，掌握知识与发展能力的统一。

（3）启发式教学的特点

启发式教学是以学生为主体的教学。以学生为教学主体并不是指学生自己完成教与学的过程，这个主体是指教师引导下的主体。学生作为主体，受动性、依存性强，因此在教学过程中学生学习必须在教师引导下进行，而不能随意且无意义地学习。启发式教学还要注意调动学生作为主体的主观能动性，要想提高教学质量，调动和激发学生的积极性与主动性是必不可少的，使其内在的潜能得以激活。

主体间的民主性体现为师生之间和学生之间的平等对待。师生间平等是指师生之间和谐民主，相互尊重、信任，为学生主体性的发展提供了前提和基础。学生之间也要平等，即平等接受指导教育和发展的机会。

启发式教学是师生互动式的教学。注入式教学传递的是单向信息，仅由教师单纯传授给学生。而启发式教学是双向信息的传递，教师向学生发布信息的同时，学生也可以向教师传递信息。师生之间的有效互动可以增强教学效果，培养学生勤于思考、乐于沟通的习惯。

启发式教学是个性化的教学。传统教学中，教师只是按照教材和教参为学生机械地传授知识，教学方式大众化，效果不是很好。启发式教学中，教师可以根据教学目标，融合自己的特色和优势，设计适合学生个性发展、符合学生兴趣爱好的方式进行教学，这大大优化了教学方法，为教学注入了新的血液，每个教师有个性的教学方式，每个学生有个性的学习方法，各得其所，使学习最优化。

启发式教学强调教学不仅要教会学生基本知识和技能，还要让学生掌握学习的方法，促进学生身心发展。它以调动学生积极思考为中心环节，以开发学生智力、促进学生和谐发展为主要任务。

启发式教学是增强个体幸福感的教学。"知之者不如好之者，好之者不如乐之者。"这句话体现了启发式教学追求的最终目的在于提升学生学习和生活的质量，使之成长为自由、全面、幸福的人。

2.高中地理启发式教学

（1）高中地理启发式教学的必然性

启发式教学符合高中地理教学规律。地理学是拥有较强基本概念和规律性、重在培养学生逻辑思维和分析推理能力的自然学科。因此，地理教师在教学活动中，应通过问题的提出来激发学生的求知欲，通过问题引导学生积极思考，使其主动参与、乐于探究，积极交流与合作。启发式教学的精髓是设疑启思，变教为导，充分发挥学生主体作用，师生互动参与学习，学生可以在认知和实践中表现其自主性、创造性和主观能动性。

启发式教学与高中生学习地理的心理特点相适应。在兴趣方面，高中地理知识与生活有许多联系，能为学生更好地生活服务。地理教师适当启发诱导，不但能增强学生学习地理的兴趣，还能培养学生积极学习的内部动机。在思维方面，高中地理的概念和规律具有逻辑性，许多地理问题的探究也须要调动地理理论的知识和规律。这时的学生思维表现为独立性和批判性，他们比较愿意相互探究讨论，凡事据理力争。而启发式教学在直观教学的基础上，主要训练思维，从而达到培养学生能力、开发学生智力的教学根本目的，这是与高中生的地理培养要求相吻合的。

启发式教学体现地理新课标理念。地理新课标的主要目标是培养学生学会学习、学会做人，倡导学生自主学习、肯探究、勤动手、喜创新，在教学中循循善诱，因势利导。显而易见，启发式教学倡导的精神正展现了新课标中的培养学生实践能力和创新能力的理念。

（2）高中地理启发式教学的方法

①直观启发

人的认识过程是从知觉感官开始的，通过认识事物表象理解深层含义，通过感性思维上升到理性思维。因此，地理教学也要认识到学生这一感知事物的特点，教师须采用直观的教学方法和手段，充分利用实物直观、图像直观、模型直观等教学方法，或采用多媒体教育手段，借助视频、音频、动画、课件等使学生接触客观事物，将具体感受结合抽象思维，这样才能更好地使学生理解教学内容，提高教学效果。

②举例说明

高中地理知识理论部分理解起来有时需要较强的空间想象能力以及抽象的思维能力，但有些学生空间想象能力较弱，这就需要教师在讲到抽象难懂的概念时予以举例说明，以帮助学生更好地理解，这也是一种对知识启发的方法。

③设疑启发

高中生正处于充满好奇心的年龄阶段，在教学中教师要抓住学生这一特点，设计巧妙的问题引人入胜，制造悬念，层层逼近，引起学生探索知识的欲望。

④情境启发

高中生是活泼好动的群体，教学活动是他们最喜欢的课堂参与方式。如果是精心创设的教学情境，学生可以身临其境地去感受，他们学习的积极性更强，教学效果事半功倍。

⑤主线启发

教师首先应该从整体上了解教材的知识体系，明确每章每节要培养的知识与技能、过程与方法、情感态度与价值观，有一套相对应的教学计划，这样才能在教学过程中做到循序渐进，逐渐启发，诱导深入，让学生通过复习、练习以及与实践相结合的方法形成自己的认知网络。

（二）从讲授法到学导式的变革

讲授法即教师用通俗易懂的语言向学生系统连贯地传授文化科学知识的一种教学方法。讲授法是一种传授型的教学手段，又是一种接受型的学习方式。学导式教学方法就是以启发学生智能、引导学生自学为主的教学方法。学生的"学"是首位，教师的"导"服务于学生的"学"，在学导式教学法中遵循学在导前、学中求导、学导结合的原则，目的在于引导学生学会辨析学科课程学习的目的，学会自学、自我完善，做到学以致用、优化智能、勇于实践、敢于尝试创新。从讲授法到学导式，也是新课程标准影响下的一种教学模式的变革。

1. 学导式教学概述

（1）学导式教学的理论依据

①心理学依据

人的学习活动具有目的性、计划性、主动性和指向性。建构主义学习理论认为学习是构建性的，学生的学习是个体主动获取外部信息并加工，构建自己知识的过程，它强调学习者的认知主体作用，而教师的作用在于辅导、引导、激励学生，帮助和促进学生的知识构建，并且教学要引导和增进学生之间的合作。学导式教学以"学"为主、以"导"为辅，能最大限度地使学生主动参与到获得知识的过程中，凭借自己努力去发现并解决问题，学习过程更深刻，对所学知识理解更深透，从而提升学习效果，同时亦有利于提高学生学习兴趣。地理学科是一门综合性学科，涉及知识面较广，良好的学习兴趣有助于学生处于良好的地理学习心理准备状态，主动去获取更广、更深的地理知识。

②教育学依据

教学是教师的教和学生的学相结合的活动，是学生在教师指导下，掌握文化科学基础知识和基本技能，发展能力，增强各方面素质的教育活动。教学过程体现教师有目的、有计划地引导学生掌握基础知识和基本技能，培养学生科学的学习方式、思维方式的过程。巴班斯基的教学过程最优化理论追求用较短的教学时间取得最大可能的教学效果。教学形式和教学方法的优化亦作为其中不可缺少的一部分。为顺应社会发展需要，现代教育学理论针对教育领域各方面变革的研究不断深入。在课堂教学改革中，教学模式改革的探讨逐步成为重点关注内容。学导式教学作为有别于传统教学的方法，其实践、实验运用的研究亦不容忽视。地理教学亦追求用较短的教学时间，取得最良好的教学效果。运用学导式教学法也是追求在较短的教学时间内让学生获取更深、更广的地理学科知识，获得更高、更强的学科技能。

（2）学导式教学的优点

调和课堂教学环境中的学生与教师、学生与学生之间的关系，使教师、学生情感和谐、协调，营造出融洽与合作的教学环境。地理教学在新课程改革下更多地要求学生在学习中的合作与探究，学生与地理教师、学生与学生之间情感的和谐、协调程度亦会影响学生的地理学习态度，亦需要师生之间、生生之间加强团结互助。

教师起疏导、点拨、调控、评价的作用，学生在教师的疏导、点拨下可快速有效提炼知识信息。地理涉及的信息类别多且复杂，信息量大，教师的引导与控制作用有助于引导学生筛选、精简有效地理信息。

体现"学生为主体、教师为主导、训练为主线"。学导型教学具有综合性的阅读教学方法，强调学生的积极参与，以激发学生地理学习热情，培养学生独立、自主的学习并获取知识的能力。

实现教学中主体与客体适时的转化，发挥学生的学习能动性，使学生在受教的过程中更多、更有效地"学"。在整个教学过程中，"教"与"学"同步进行，传授知识、培养能力、发展智力一起抓，有利于培养学生整理、分析、综合、归纳、解释地理知识，以及联系生活实际和社会实践等能力。

2.高中地理学导式教学的应用

（1）问题导入法

①创设地理问题

该环节设置的主要目的在于激发学生的地理学习兴趣，营造良好教学氛围，调动学生参与教学活动的积极主动性，为教师进行下一步的地理问题呈现、引导学生地理探究创造条件。创设的地理问题要新颖、扣题，尽量将高中地理课本知识与生活实际、实践中的地理相结合，使教学知识生动鲜明、形象具体且浅显易懂。同时，应关注热点地理问题，以诱发学生好奇心和求知欲。

②呈现地理问题

地理问题的呈现是为了引导学生进行探究，因此最好选择学生所熟悉的乡土地理环境、现实生活问题、存在或发生在学生周边的地理事件来呈现。学习课题问题难度拟定要根据学生的认知能力差异和认知规律，呈现的地理问题既包括教材内容的问题，也包括教材之外与教材内容密切关联的现实地理问题。

③探究地理问题

此环节为学生在教师适当思路的指引下，对教师所呈现的地理问题进行解答的过程。

在问题的解答过程中学生难免会遇到一些难度较大的障碍，这就需要教师及时正确地加以引导，以保证地理问题探究活动即问题解答的过程能顺利进行。例如，"分析哪些因素在本地区农业区位选择中起的作用越来越大"这个问题，教师要引导学生先认识并总结当地农业区位条件、农业发展现状及存在的优势、面临的问题及措施，再做综合分析。此环节旨在使学生获得地理基础知识，培养学生地理科学思维及地理应用能力，使学生养成独立探究、思考的习惯，培养学生爱家乡、祖国的感情。

④问题反馈调控

该环节为学生各抒己见，教师对学生独立探究获得地理问题的解决方法以及对其想法、见解做出相应的评价和验证。调控探究活动要避免课堂探究讨论偏离主线。

（2）图导法

图导法即引导学生通过读图、析图、填图和绘图等手段，直观、形象、提纲挈领地掌握所学知识。

地理学科最突出的特点是在表达空间概念、地理事物的空间结构联系及其发展变化的过程中会大量地运用多种地图、图表、图片。直观教具的地图、图片等是形成地理记忆表象的主要途径，它具有许多突出的优点，如不受时间、空间的限制；教师可以根据教学需要选择地理图像，突出地理事物的主要特点，易于学生观察、形成正确的地理表象；其具有生动鲜明的形象，可以引起学生的兴趣，有利于促进学生无意识记忆。因此，教师充分利用图片及直观教具演示地理事象，可降低庞杂的地理知识的难度，激发学生学习的兴趣，培养学生的读图习惯。

在教学过程中或课后，教师要求学生绘制图表，给学生动手实践的机会，培养其绘图能力。教师通过绘制图表，把地理知识落实到图表上，使繁杂的地理事物变得简单直观，化难为易、化抽象为具体，引导学生通过各种感官感知地理事象，并在头脑中建立起种种完整的地理表象，可以使学生进一步掌握相关地理知识，提高学生学习兴趣；通过绘制地理图表，巩固旧知识、学习新知识，加深对知识的理解和记忆；通过绘制图表，不仅使学生学到根据数据、文字描述来绘制示意图或列统计图表等方式能直观表现地理事实及其特征、规律，培养他们设计和使用图表的能力，而且能大大提高学生判读和分析各种地理图表内容的能力，发展联想思维能力。

高考对考生利用图表资料进行运算、分析、判断的能力也颇为重视，因此在高中地理教学中，教师要充分利用地理教材中的地图、图片，让学生练习析图、填图，注重培养学生通过读图、析图、填图和绘图分析、理解、记忆地理事物和地理现象的能力。

（3）纲导法

纲导法指使用表格纲目等形式将地理知识网络化、纲要化、系统化，方便学生快速理解和掌握地理现象的内在联系。

纲导法的运用尤具普适性，如《宇宙中的地球》一章，是高中地理必修课程中难点较多的章节，同时也是整个高中地理学习的重难点，其包含的知识内容与其他章节知识联系密切，因此应采用纲导法对知识列表，归纳纲要，理清学习的脉络主线。学生顺着知识干线理顺知识点之间的"前因后果"，实现对知识的融会贯通、加深理解，从而逐步攻克重难点问题。随着难题一个个被解决，学生对地理学习兴趣也会增加。

（4）交叉引导法

在实际教学中，有时教师将多种引导方法综合使用，从而更好地发挥学导式的作用，更利于引导学生的思考，以达到提高学生综合学习能力和思维能力的目的。在地理教学过程中，教师要灵活设计教学方法方案，结合课堂实际需要，勇于创新与实践，提高自身教学素养。

三、学生学习行为的变革

（一）学生学习行为变革的理论基础

1. 建构主义学习理论

建构主义认为：①学习是一个积极主动的建构过程。在这个过程中，学生不是被动的信息吸收者和刺激接受者，他们要对外部的信息和刺激进行选择和加工。②知识是个人经验的合理化，而不是说明世界的真理。教学应该把学生现有的知识经验和存量知识作为新知识的生长点，引导学生用当前已有的知识经验实践新的信息，并且在新信息与旧的知识经验不一致的情况下解决这些矛盾与差异。③知识的建构并不是随心所欲的。在学生建构知识的过程中，教师应重视学生对各种问题和现象的理解，注意倾听学生的心声，洞察这些想法的由来，并以此为依据引导学生丰富或调整自己的理解。④学习者的建构是多元化的。建构对象的复杂性、个体先前经验的独特性以及个体学习情感的特殊性决定了每个学习者对事物意义的建构是不同的。这在学习者的共同体中恰好构成了一种宝贵的学习资源。所以，合作学习受到了建构主义者的广泛重视。

地理教学中，教师应该努力创造一个适宜的学习环境，使学生在已有知识和经验的基础上积极主动地建构他们自己的知识。地理学习应该强调理解的质，而不仅仅是信息的量。

2. 多元智能理论

多元智能理论认为智力是在某种社会和文化环境的价值标准下，个体用以解决自己遇到的真正难题或生产及创造出某种产品所需要的能力。人的智力至少包括八种能力，同时，智力不是以整合的方式存在而是以相互独立的方式存在的，各种相对独立的智力以不同方式和程度有机地组合在一起，使得每个人看起来都"与众不同"。每个人的智力都有其独特的表现形式，每一种智力又都有多种表现方式，所以，我们很难找到一个适用于任何人的统一的评价标准来评价一个人聪明与否。

多元智能理论的提出给传统教育观念带来了巨大的冲击。该理论倡导一种积极的学生观，提出教育应该在全面开发每个人大脑里的各种智能的基础上，为学生创设多种多样的展现各种智能的情境，给每个人以多样化的选择，使其扬长避短，从而激发每个人潜在的智能，充分发挥每个人的个性。同时，多元智能理论倡导"对症下药"的因材施教的教学观。新的教学观要求教师根据教育内容以及学生智能结构、学习兴趣和学习方式的不同特点，选择和创设多种多样的、适宜的、能够促进每个学生全面充分发展的教育方法和手段。地理教学同样应该尊重学生的个别差异，允许学生张扬个性，鼓励学生大胆质疑，注重学生的主动参与和合作学习。

（二）学生学习行为变革的具体内容

1. 学习理念的变革

学习行为的变革首先取决于学习理念的转变。

（1）终身学习的理念

国际 21 世纪教育委员会在给联合国教科文组织的报告中指出：各级各类学校学生的学习方式应该是多种多样的。学校教育的重要任务之一就是要培养学生终身学习的兴趣以及终身学习的能力。为此，教师要尽可能地培养学生对学习活动的兴趣，让他们明白学习对一个人生活和发展的重要性。如今是知识大爆炸的时代，也是"学习化时代"，这本身就是一场"学习的革命"，每个不愿被社会淘汰的人都必须认真学习，将读书纳入生活。学生须要这样去做，教师也须要这样去做。

（2）学会学习的理念

学习的过程是主体参与下的主动学习的过程。学生是学习活动的主人，教师只是学习活动的组织者、引导者与合作者，不能替代学生的自主学习过程，教师的教是为了不教，教会学生学会学习才是教育的最终目的。

美国的一项研究结果表明：一个大学毕业生一生所用的知识中，10% 左右是直接从学校学习得来的，其余是后天学习得到的。这是不是说学校教育就不重要了呢？恰恰相反，时代的变迁给学校教育提出了更深刻、更具根本性的问题：必须教会学生如何学习，让学生获得终身学习的能力。面对知识经济的到来，面对浩如烟海的信息，不会学习的人无异于茫茫大海中的一叶小舟，终会迷失航向，或是被大海所吞没。在这种背景下，"学会了学习"就是掌握了认识世界的工具。中国古语"授人以鱼，不如授人以渔"就是在阐述这一道理。

（3）学习有用地理的理念

新的高中地理课程标准指出，地理课程要"从学生的全面发展和终身学习出发，构建体现现代教育理念、反映地理科学发展、适应社会生产生活需要的高中地理课程。要引导学生关注全球问题以及我国改革开放和现代化建设中的重大地理问题"，要"设计具有时代性和基础性的高中地理课程，提供未来公民必备的地理知识，增强学生的地理学习能力和生存能力。关注人口、资源、环境和区域发展等问题"。美国教育家杜威主张"教育即生活""学校即社会""在做中学"。他认为教学的出发点和归宿应当是学生的发展需求。可见，新的高中地理课程已经从纯粹的"地理科学世界"走进现实社会，走进学生的生活。教师应通过地理教学活动，增强学生的生存能力和生活能力，"提高生活质量"，使学生学会和创造健康向上的生活方式。

2. 学习方式的变革

转变学习方式就是要转变学习的他主性、被动性，把学习过程变成学生主体性、能动性、独立性不断生成、张扬、发展、提升的过程。这种学习观的变革意味着要改变学生的学习态度、培养学生的学习责任感，并使学生养成终身学习的愿望和能力。

（1）自主学习的方式

所谓"自主学习"，是相对"被动学习""机械学习"和"他主学习"而言的，其特征主要表现为以下几个方面：

第一，学生参与确定学习目标，制定学习进度，参与设计评价指标。

第二，学生积极主动思考学习的策略。

第三，学生在学习过程中有内在动力的支持，有情感的投入，能从学习中获得积极的情感体验。

第四，在学习过程中，学生对认知活动能够进行自我监控，并做出相应的调适。

可见，自主学习是一种高品质的学习，可以激发学生强烈的学习需要和兴趣。学生在此过程中能获得深层次的体验，有效地促进自身的发展。

（2）探究学习的方式

所谓"探究学习"，是指教师从学科领域或现实生活中选择和确定研究主题，在教学中创设一种类似学术研究的情境，学生通过自主发现问题，亲自试验，操作，调查、搜集与处理信息，进行表达与交流等探究活动，在知识、技能、情感与态度等方面获得发展，特别是探索精神和创新能力得到发展。

与接受学习相比，探究性学习方式突出了教师的诱导作用，创造了一个以学生为中心的探究知识的过程，为学生自主学习提供了空间。探究学习具有更强的专题性、实践性、参与性和开放性。学生通过探究过程，可以获得能力发展和深层次的情感体验，运用、巩固并掌握知识，获得解决问题的基本方法。

进一步来说，高中地理探究性学习具有如下几个特征：

①参与学习过程

探究学习要求所有学生都参与学习过程，让他们通过一系列的探索活动去发现结论，而不是直接获得现成的结论。其具体表现为：学习内容具有明显的问题性质，教师通过课前精心准备的材料和设计的问题组织教学活动；学生对问题的思考体现了地理学科区域性和综合性的特点，是注重人类活动与地理环境的相互关系的表现。

②平等与合作

在探究学习中，每个学生都有机会取得成功，学习的成果是学生合作的结果。同时，教师与学生的关系是平等的，教师是学生的朋友、伙伴。因此，探究学习是一个合作的过程，而不是竞争和对立的过程。

③鼓励创新

在探究学习中，教师鼓励学生自由想象，提出各种假设和预见，充分尊重学生的思想观点，使学生敢想敢干，富有创新精神。教师在教学中的作用为提供问题的背景材料，组织学生讨论和交流，鼓励学生发表不同的意见，并逐步把讨论引向深入。

探究式学习所具有的这些特点正是目前我国新课程改革大力提倡的，是培养学生创新精神和实践能力的有效途径。

（3）合作学习的方式

所谓"合作学习"，是指为了完成共同的学习任务，采取小组或团队的形式，彼此之间明确责任和分工的一种互助性学习形式。合作学习具有以下特点：第一，相互之间积极支持和配合，特别是面对面促进与互动；第二，为完成共同的任务，各自承担着一定的责任；第三，通过协商和沟通，建立和维护成员相互之间的信任，有效地解决组内冲突；第四，在组内进行加工和成效评估，并及时进行矫正。

合作学习是终身学习的必备素质之一，也是学会学习的重要途径。在合作中，学生自身价值得到体现，潜能被激发，求异性思维得到培养。通过合作学习的方式，每个学生都有机会提出自己解决问题的方法，同时，也分享别人的思维成果。在讨论和争辩的过程中，学生的思路会变得越来越明晰，学习的自信心会不断增强，分析问题、解决问题的策略会越来越全面、完整，创造性思维会不断得到培养与训练。

在合作学习中，教师要对学生进行个人责任教育，要营造合作学习的环境，激发合作的动机，要教给学生合作的技巧，促进学生之间的集体研究与合作，将个体之间的竞争转化为小组之间的竞争，以保证合作学习的效果。

（4）快乐学习的方式

快乐学习是以情感为基础的，是将愉悦的心情与学习融为一体的学习活动。面对新的课程改革要求，减轻学生过重的课业负担，创造快乐的学习氛围，提高课堂教学的效率，是我们每个教育工作者面对的课题。

首先，建立新型的师生关系，让学生"想学"。要建立良好的师生关系，关键在于教师。教师应当以敬业为先，以满腔的热情投入教学工作中去。正如赞可夫所说："如果教师本身就燃烧着对知识的渴望，学生就会迷恋于知识的获取。"学生只有"亲其师"，才能"信其道"。教师要改变居高临下的习惯姿态，用真心和诚意与学生平等交流，让心灵紧贴心灵，以一颗坦诚的心去感受每一个学生的喜怒哀乐。教师要转换自己的角色，由教育的操纵者、主宰者转变为引导者、激发者和指导者。新型的师生关系能够奠定课堂的民主氛围，激发学生喜爱地理课、想学好地理的愿望。

其次，发掘课程资源，激发学习兴趣，让学生"乐学"。研究表明，学生的地理成绩与兴趣呈高度的正相关。兴趣是学习动机中最为活跃的部分，也是最好的教师，它能使人积极主动、心情愉快、全神贯注地学习。我国古代大教育家孔子所说的"知之者，不如好之者；好之者，不如乐之者"正是这个道理。地理学科与社会实际和学生生活联系密切，教师要把学生引导到一种熟悉而又亲切的教学情境之中，使他们感到身心愉悦。教师要多使用教学媒体，展示地理的演变过程和人们的地理思维过程，使学生感受到获得知识的乐趣。教师要转变教学方式，激发学生的主体性，让学生参与到学习中来，使学生在动中学。

最后，要教给学生正确的学习方法，让学生"会学"。学生只有掌握了正确的学习方法，才能真正体验到学习的快乐。从建构主义的角度看，教学旨在引导学生建构知识，而不是传输知识；教学的目的是使学生从"学会"过渡到"会学"。教师要树立"教"为"学"服务的宗旨，要教会学生分析问题的方法和解决问题的基本思路，切忌包办代替。

此外，教师要强化学生的学习动机，保护他们学习的热情，建立有助于学生自主解决问题的激励机制，让学生主动参与知识的获取过程。

（三）促使学生学习行为转变的具体策略

1.确定学习目标，增强学生自主参与意识

建构主义学习观认为，地理学习是一个以学生已有的知识和经验为基础的主动的建构过程，这种建构不可能由他人代替。因此，在地理教学过程中，教师要把握好师生角色定位，坚持以学生为主体，以学生的发展为本，使学生真正成为课堂的主人。教学应紧紧围绕目标来展开，通过创设一系列活动，激活学生已有的知识和经验，使学生通过自学、思考、讨论、合作等方式，逐步实现目标。当学生通过自身努力实现目标后，其成功的喜悦会特别强烈，会以更高的热情投入学习中去。

2.营造情感氛围，激发学生自主学习动机

良好的教学环境能激发学生积极的情感，并以此为中介，促进学生智力活动的进行和个性的发展。现代心理学研究表明，情感对个体的认知过程具有组织和瓦解作用，它能直接作用于学生的课堂行为，并微妙地影响和改变其学习质量。因此，在教学过程中，教师要努力建立平等、和谐、互相尊重、互相信任的良好师生关系，增加教学语言、教学行为的趣味性，采用讲故事、创悬念、变换角色、小组竞赛的方法，激发学生学习的动机。教师应该从赏识、激励的角度，宽容、理性地对待学生在课堂教学过程中出现的"偏常"行为。

3.创设主动探究的空间，促成学生自主学习的氛围

在课堂上，教师要培养学生探究性学习的兴趣，努力为学生创设主动探究的空间，将学生在课堂上的正当权益还给学生，关注学生的兴趣和生活体验，鼓励学生提出问题并解决问题，让学生有时间、有空间动脑思考、动手操作、动笔尝试、动口表达，使学生的学习活动由简单的接受学习逐步转化为内在的智力活动，以更加积极的态度参与到自主学习的过程中来。

4.侧重学习方法指导，提高学生自主学习的能力

由于知识储量有限，生活阅历较浅，思维发展尚未成熟，学生在自主学习过程中需要教师的学法指导。发挥学生主体作用的关键是教会学生学习的方法，让学生由"想学"过渡到"会学"，使学生真正成为学习的主人。"会学"首先是会提出"问题"，"学启于思，而思源于疑"。因此，教师要教会学生设疑，有了问题，学生在学习中就有了明确的学习目标，思维就会活跃起来。其次，教师要培养学生自我解决问题的能力。解决问题的途径多种多样，可以采取自学的方法，让学生查阅资料，也可以采用讨论法、小组合作法，发挥集体的智慧，还可以在教师的启发下解决问题。在解决问题时，教师不要只给学生答案，而要把解决问题的思路教给学生，要增加答案的开放性，多给学生几个参考答案，少给几个标准答案。

5. 运用评价机制，激励学生自主学习

教师要经常对学生学习目标的达成情况进行评价。这种评价既有激励的功能，又有反馈调控的功能，课堂教学中教师要充分加以利用。评价可以使学生的学习阶段性成果得到沉淀，学习过程中产生的错误得到及时纠正，为下一阶段的学习打下基础。评价的方式多种多样，评价的主体也是多元的，可以是教师，也可以是学生。通过评价，学生能辩证地看待自己、正确地看待他人。

第二章　高中地理核心素养的构成

第一节　区域认知素养

随着地理核心素养的提出和《普通高中地理课程标准》的颁布，作为核心素养之一的区域认知素养成为人们关注的热点。区域性是地理学的主要特征之一，所以区域认知对于学好地理至关重要。事实表明，学生非常需要区域认知素养。因此，研究地理区域认知素养，并提出培养策略，有着十分重要的理论意义和实际价值。

一、区域认知素养的内涵

《普通高中地理课程标准》（以下简称《标准》）明确提出要"培养现代公民必备的地理核心素养"，并指出"地理学科核心素养主要包括人地协调观、综合思维、区域认知和地理实践力"。地理学科核心素养凝练了地理学科独特的核心育人价值，其中区域认知是地理学基本方法和思想，由地理学区域性特征所决定。

（一）问题的提出

梳理有关文献，有人认为"区域认知"素养是为了认识和实践需要而衍生的一种将地球表面根据不同标准、不同尺度划分区域的思维方式；有人则站在区域发展的高度，侧重于具体区域的分析评价及区域未来发展的预测能力。几经修改后，区域认知的定义被确定为"人们运用区域的观点（或视角）和方法认识地球表面复杂多样性的思维品质和能力"，最终在认识区域本身的能力和方法的基础上增加了区域视角这一地理学思想，兼顾了"策略、视角"和"对区域本身的认识"两个方面。

《标准》中关于区域认知素养的内涵涉及区域视角、策略方法、价值判断等中心词汇，这些词汇的内涵在学生核心素养的培育中并没有体现在一个维度。区域视角指将地理事物或地理问题置于特定区域空间内加以分析和解决，能让学生懂得划分区域是认知、解释、概括空间的需要。策略方法指的是认识区域过程中采用的方法工具即技术路线。价值判断指对人们所提出的区域开发利用的措施、对策等，能够秉持正确的地理观念及一定的评价依据，对其合理性或不足做出自己的价值判断。可见，区域认知对学生具体育人价值的指向性比较广泛，但也因此给教师对区域认知的理解带来一定难度，没有一个抓手，不够具体，因而在具体教学实践中对学生区域认知的培养也存在一定的盲目性。因此，对区域认知内涵的进一步分析必不可少。

（二）区域认知素养内涵解析

区域认知是地理学习的一种特殊认知方式，认知方式即认知风格，是个体在知觉、思维、记忆和理解问题等认知活动中加工和组织信息时显示出来的独特而稳定的风格。这种风格对应在区域认知中就表现为区域意识或区域视角，它主导认知活动的进行并贯穿于整个认知活动对信息的加工组织之中，并且在认知过程中会得到进一步强化。而信息的加工组织遵循一定的技术路线和策略，经过一系列遵循一定方法论的信息加工，最终会得到一个客观的认知结果，包括区域自然、人文特征的认知和对区域发展的价值判断，或者在人地协调观的观念下对认知结果的升华即区域的价值判断。从这个维度分析，区域视角、策略方法及价值判断三者的关系并非没有逻辑性，它们组成了区域认知发生的各个阶段：认知导向、认知过程和认知结果。

认知导向作为区域认知的思想导向，形成于认知过程之前并贯穿于区域认知的整个过程，并在认知过程中不断强化，表现为学生能够有意识地将地理事物或地理问题置于特定区域空间内加以分析和解决。区域视角水平较认知方法与结果更难测量，它有一定的内隐性，指引着学生理性化、高质量地对区域本身进行分析。

认知过程是运用一定的工具或手段来认识区域（包括位置、地形等地理特征）本身的具体过程，侧重于对方法、工具的正确使用，如运用地图进行区域综合分析、区域比较、区域关联。

认知结果指经过前两个阶段所得到的客观认知结果，包括两个方面的结果：一方面指对区域本身特征的认知，如气候、地形、水文、人口、交通等自然与人文特征；另一方面是在区域特征认识的基础上，解释、评析区域开发利用决策的得失，即在人地协调思想下对区域发展做出价值判断。

（三）案例分析

为了进一步阐述区域认知内涵及各维度逻辑关系，这里选取"东北地区"进一步分析说明。

1.认知导向

区域认知的认知导向指区域意识或者区域视角，具体到"东北地区"一节，学生在学习之前要明白：东北地区与别的地区存在某种属性上的地理差异，此差异使东北地区成为一个独特的地理单元且在区域差异的基础上产生了与其他区域的联系。这种根据一定标准分区的行为大大降低了人们认识地球表面的复杂性。区域视角是在之前的学习中慢慢建立起来的，也随着更深入地学习而强化。学生在学习本节内容之后，能把我国的商品粮基地、黑土、沃野千里与东北地区联系起来。

2. 认知过程

运用图表信息进行区域要素分析，在对区域本身的认知过程中对涉及地理要素的单个要素进行分析以及多要素综合分析。分析单个要素需要学生借助各种地图、文字、表格信息，对有效信息进行获取、整合、加工并输出，此方法最能体现地理学科特性且较为常见有效，也是学生学习地理的关键能力之一。

"东北地区"一节，东北地区的地理位置、地形地势特点、水系特点等都是从图表信息获取的。选择合适的地图，读图、析图，借助经纬线观察获得东北地区的绝对位置，并以整个中国地图为参照（选择参照物，寻找位置、距离等相互关系）获得其在我国东北部的相对位置、与海洋的相对位置以及与韩国、日本隔海相望的位置，进而推断出其地理位置对地理环境要素的影响及原因。反过来，可借助一些显著的地理事物或区域轮廓进行空间定位。

地形的学习可从东北地区内部不同地方的相对高差、各类地形构成比例及各类地形在东北地区的空间分布状况等角度进行。借助地形图可知，东北地区的地势分为半环状的三带，同时切换到全国地形图可观察得出东北平原是我国面积最大的平原，且分布有大面积的黑土，土壤十分肥沃。

从东北地区的地理位置分布能推测出其气候特征，结合气温、降水情况得出东北地区雨热同期的气候特点，且热量条件与我国其他地区相比显得不足，年积温适合一年一熟农作物的生长；从降水量图看出其在全国属于湿润、半湿润区；再结合其所处的行星风带分析，东北地区处于季风环流控制之下，距离冬季风源地近，故冬季寒冷而漫长，夏季温暖而短暂。

列表进行区域差异分析，区域因地域差异而存在，对不同区域同一属性的特点列表比较可较为直观地得出区域间的差异，同时也能凸显出区域特征。借助思维导图进行区域综合分析，对区域本身的学习离不开区域综合分析，思维导图将区域中复杂的逻辑关系直观、清晰地展现出来，是区域综合分析较为常用的高效方法。

3. 认知结果

经过一系列对区域信息的加工，最终可以得到一些客观的认知结果，包括区域特征与区域价值判断。区域特征的认知结果与认知过程融为一体体现在认知过程部分，未体现出来的是对区域发展的评价，所以此部分仅说明区域价值判断。东北地区的农业发展基于其水热组合及地形、土壤与社会经济条件，相比全国其他区域，有很大的优势与潜力，能够发展为商品粮基地。但较为粗放的农业生产方式导致该区域水土流失严重、土壤肥力下降，林地与草地的面积也在缩减，出现农业生态恶化与农产品市场竞争力不足等问题。针对其发展现状，必须推广生态农业，利用与保护并行，加强农业的科技贡献率，高效整合农业发展优势条件，寻找适合自身的农业生产方式，开拓农业可持续发展新思路。

二、区域认知水平的考察评价

新课程标准明确地将地理学业质量水平分为四个层次，每个层次都整合了不同的地理学科核心素养，在不同的程度下运用各种概念、思维、方法和观念解决问题。有学者依据学业质量水平等对高中生的地理区域认知能力进行了考察评价。依据核心素养表现和学业质量标准界定测评试题，依据核心素养和关键能力水平分级命制学生核心素养，依据学业质量水平编制评分标准，评估是核心素养的高中学业测评的一般路径。根据中学地理课程的特征梳理不同"区域认知"目标层次下相对应的知识，将其所属的知识类型、对应的认知过程整理清晰，确定中学生区域认知能力的构成维度。还将区域认知能力划分为定位、信息加工、比较、联系和规划五个能力，并进一步解析这五个区域认知能力的结构，建构了具有区域地理特色和可操作性的高中生区域认知能力评价方案。

三、区域认知与教学方法相结合

自新课程标准颁布后，关于区域认知素养的研究逐渐增加，区域认知素养主要在教学活动中进行培养，因此运用具体的教学方法培养区域认知素养也就越来越成为大家关注的课题。运用图表法培养学生区域认知素养，依据课标在保证教学育人不偏离方向的基础上对教材进行二次解读，结合学情对教材结构进行适当的调整与重构，深挖图表的价值，使之更符合学生认知规律。还运用思维导图从一个主题开始层层深化知识使学生可以连接知识，充分整合教材内容并建立知识间的内在联系；使学生形成一定的区域思维模型，从而培养学生的区域认知能力。构建心理地图，不仅有利于教学有效性的提高，也能促进学生自觉地使用空间区域看待地理问题并解决生活中存在的地理问题。

第二节　综合思维素养

随着新一轮地理课程改革的深化，学科素养教育已经成为新的时代中学课程的核心理念，《普通高中地理课程标准》明确指出，地理综合思维素养是学生应具备的分析和理解地理过程、地理规律的重要思维品质和能力，地理综合思维素养是中学地理学科核心素养之一，具有极其重要的地位。培养学生地理核心素养是地理课程的重要理念，而综合思维素养又是地理核心素养的重点部分，该项思维方式是根据地理学科的特点加以提出的，对培养学生良好的地理思维至关重要，涵盖了时空综合、要素综合以及地方综合等多个内容。如何培养学生的综合思维素养是当前教育的重点目标，如何高效地培养学生综合思维是当前地理教师有待挑战的重要内容。

一、综合思维素养

（一）综合思维

思维的品质分有深刻性、灵活性、创造性、批判性和敏捷性五种特性。其中，思维的灵活性是指思维活动的灵活程度，表现为思维迁移能力强，善于组合分析，思维结果是合理和灵活的结论。具有灵活性思维的人，善于"举一反三"，灵活地做"综合性的分析"，从分析到综合，从综合到分析，能够全面分析、思考和解决问题。

因此，综合思维可以总结为是综合性的分析思维，是一种基本且必要的思维方式，它主要表现为概括、推理、归纳等方式。

（二）地理综合思维

地理思维就是遵循地理事物和现象的本质特征及其变化规律进行认识的过程。地理学科自身空间性、综合性、区域性、实践性的特点，决定了地理思维方法主要是比较思维、综合思维和求异思维。

因此，地理综合思维，是建立在地理学科研究对象、研究方法具有明显多样性的基础上，从地理学独特视角出发，从研究对象包含的不同种类、不同性质的事物组合在一起，进行综合分析的一种思维方式。

（三）地理综合思维素养

思维素养指的是在长期的生活与实践中人们所形成相对稳定的运用思维实现问题的理解、分析和解决的能力。

综合思维素养指的是遵循地理事物的现象和本质特征，用全面、辩证、综合的视角，去分析和阐述地理事物发生的过程和发展规律的能力。主要包括要素综合、时空综合以及地方综合三个维度。

要素综合是对地理事物和现象中各个要素构成整体的综合分析。就是先将整体分解为各个部分或各个组成要素，再进行全面分析或关联分析，综合归纳后得出地理事物和现象的分布规律表现特点、功能作用和发展趋势等。

时空综合是分析地理事物和现象在特定时空条件下的形成和发展及演化，主要包括时间演变、空间格局的动态和静态分析。

地方综合主要指的是，某区域自然和人文要素对人地关系地域系统产生的影响，在分析区域发展的优势以及存在问题的基础上，研究区域可持续发展的方向和措施，从而实现人类与自然的和谐发展。表现为整体性分析和单元性分析两个角度。

二、地理综合思维培养的理论基础

（一）地理综合思维培养的思维心理学理论基础

思维科学是研究思维活动规律和形式的科学，一直是哲学、心理学、神经生理学及其他一些学科的重要研究内容。苏联心理学家鲁宾斯坦认为，思维的结构就是思维的基本过程。思维心理学便是主要研究思维结构中的心理结构，也就是思维过程的结构。思维的过程是通过分析和综合及在其基础上所派生的抽象、概括、比较、分类、系统化和具体化等方面，在头脑中获得对客观现实全面的、本质的反映的过程。思维的分析和综合、抽象和概括的过程，是思维心理活动的总结构或总机制。分析与综合是这些过程的基础。

另外，在儿童青少年思维形成和发展的进程中所包括的三个互相联系的组成部分中，对有关事物进行分析综合活动，即综合—分析—综合循环活动的过程。就是头脑中进行的认识过程，而通过定向的分析综合活动获得对事物意义的理解就是认识的产物。

因此，我们能够发现，综合思维素养，包括地理综合思维素养的培养方式，可以以地理学科的知识性内容为载体，通过让学生利用概括、分析、比较等方式，进行思维训练。这也要求一线地理教师要提高对学生思维训练的重视程度，针对地理学科的不同类型的知识特性，为学生提供不同方式的学习和训练指导。

（二）地理综合思维培养的教育学理论基础

德国教育家拉伊在《实验教育学》一书中系统性地论述了实验教育学。其指出在建立教育理论的过程中，教育实验发挥了不可替代的作用。在人为的条件下可以对教育实验进行控制，其涉及三个阶段，即假说的成立阶段、实验计划与执行阶段、在实际的过程中证明结果准确性的阶段。根据这种理论，提出教育过程就是学生对外界事物予以主观的感受，在其思维进行整理后获得感觉印象，从而能够运用实际行动对其相关知识进行感受以及思考。

实验教育学的特点在于用科学实验的方法来探讨教育问题，强调对研究现象的简化，观察实验对象在教育过程中的发展、变化特点，以发现教育变量间的因果关系，从而揭示教育原理，总结教育原则。

因此，在总结结论时，教学实验具有明显的必要性。而地理学科的区域性、综合性等特点，要求研究者在观察实验结果时要更重视学生的内化和表现。例如，在以大气的热力环流为例进行不同班教学实验时，在实验结果的对比检测上，应格外关注热力环流形成过程中垂直方向和水平方向上的大气运动，哪一个先产生，产生的原因是什么，整个热力环流的过程两者之间有什么先后顺序。

（三）地理综合思维培养的地理科学理论基础

地理学是一门综合性科学，具有综合性、区域性、动态性、基础性、实用性等特点，其主要是将自然要素、整治要素等不同要素之间所具有的关联性关系作为主要的研究对象，与此同时也涉及了地貌要素、气候要素、人口要素以及工业要素等要素之间所具有的关联性关系。

因此，地理综合思维素养的培养，要立足学科的主干知识，能够对地理事物和现象予以综合性地看待以及分析。与此同时，要能够在立体性的、动态性的思维角度从横向角度以及纵向角度对地理科学予以综合性分析，从而将其更好地迁移、灵活运用，达到"会学""会想"。

（四）地理综合思维培养的地理课程与教学论基础

地理课程与教学论的主要研究对象是地理学科教学中的所有问题和现象，通过各种手段方法研究地理教学活动，最终目的是揭示地理教学规律、指导地理教学实践。

地理课程与教学论为地理综合思维素养的培养研究确定了学生所要掌握的必要的知识和技能，指出在发展学生智力、进行德育方面应达到的基本目的；同时，也能够针对如何提高地理综合思维素养提出具体可行的策略理论指导。

（五）地理综合思维培养的学科融合性基础

高中地理这一学科中主要是将"人地关系"作为线索，对地理环境所涉及的相对基础的知识以及规律进行了系统性的介绍，人类在日常的活动中对环境的利用以及在利用的过程中存在的问题以及解决策略等。自然界同社会经济活动中地理事物等要素、同环境之间的关系具有一定的复杂性，因此对其现象以及关系在进行反映以及概括的过程中，要对多种学科的知识理论予以综合性分析。

举个例子，我国在人口方面的增长问题，至少涉及地理、历史和政治三门学科，人口增长的速度、数量、成因、综合评价及标准要从我国经济发展历史、传统的价值观念去加以分析；要从各区域及我国整体自然条件、资源与环境状况去深入分析；要从政府的人口政策去客观分析。

因此，地理教师在组织课堂教学时，要能够将多种学科同地理学科进行有机的结合，相互联系，从而使得知识网络得以建构，进而发挥整体教学的功能，多采用学科间的综合分析案例，增强学生思维的灵活性，激发学生学习兴趣，活跃课堂气氛，提高课堂效率。

三、地理综合思维素养培育教学

地理教学内容繁杂，要掌握的知识点众多，培养学生综合思维能力成为学科核心素养的重要内容。教师要有整合创新意识，引导学生积极梳理基础知识、分析隐性因素、强化读图操作、注重媒体助学，从不同视角培养学生的逻辑思维能力、推理思维能力、发散思维能力、形象思维能力，进而实现综合思维能力的全面提升，塑造学生学科学习能力。

（一）梳理基础知识，培养学生逻辑思维

地理知识极为丰富，教师要注意引导学生学会梳理和整合，根据不同梳理路线展开相关操作，或者以章节为主线展开梳理，或者以知识点包含关系进行梳理归纳，都能够给学生带来清晰的思路，帮助学生建立完善的知识体系。地理知识较为零散，学生大多缺少主动梳理意识，教师要定期引导学生对地理知识进行系统梳理，并进行科学分类，学生在具体操作中也会自觉形成逻辑思维，进而运用这些地理知识解决实际问题，促进学科素养的生成。

教师在引导学生梳理知识要点时，要给出具体的操作方向，甚至要规划出具体的行动路线，让地理知识呈现体系化特点。如教学"地球公转与季节"，教师在课堂结束时，让学生对本节内容的知识点进行整合筛选，以形成单节课的知识体系。学生开始自主操作，

通过反复阅读文本，展开自主讨论，最终形成知识体系。课堂展开时，教师应深入学生当中，对学生的知识梳理情况进行学情调查。有学生根据文本知识点先后顺序进行编排：黄赤交角——地球公转与直射点移动、正午太阳高度；昼夜长短的季节变化关系——直射点的季节移动、北回归线以北地区正午太阳高度的季节变化、太阳直射点的回归运动……教师对学生知识点梳理情况进行总结点评，指出其存在的问题，并给出解决的方法和建议。

教师让学生对一节课内容进行梳理，不仅能够体现它的知识结构，还能帮助学生建立有形认知，学生对基本内容有了综合认识，提升了教学品质。一节课有一节课的知识点，一个章节也有一个章节的内容，知识内容不会完全一样，但梳理方式和意识都是相通的，教师给出具体的学法指导，帮助学生逐渐建立认知意识和习惯，对全面激活学生学习思维有决定性意义。

（二）分析隐性因素，培养学生推理思维

所谓隐性因素，是指学习相关的关涉性因素。如人文地理方面的隐性因素，往往会超出地理学科自身的知识范畴。培养学生地理综合思维能力，要从各个方面进行教学探索，让学生兼顾其他领域知识助力地理学习，不仅能够丰富学生地理学习的视野，也可以培养学生综合思维的实践能力。地理学科与社会、人文、环保、生态、政治、哲学等学科都有一些联系，强化学科横向联系，可以给学生带来丰富认知体验。

在教学"地球的圈层结构"时，涉及地震、地表大气圈、水圈、生物圈等知识，教师在引导学生认知这些内容时，自然要提及地震的破坏性以及防震的基本知识，还有地表遭遇破坏的现实，牵扯到环保等话题内容。很显然，这些内容不是地理学科自身的问题，但是与地理学科有千丝万缕的联系。在讲述大气圈、水圈和岩石圈相互的影响时，教师让学生结合生活现实，对这个知识进行集体讨论。有学生说，今年全世界很多地方出现了洪涝灾害，这说明大气圈和水圈都出现了异常情况，对岩石圈也会带来一定的影响。也有学生提到生物圈，认为地球上很多物种的灭绝或者即将灭绝，都会给地球环境带来严重影响。

从学生提及的问题能够看出，这些内容不是单纯的地理问题，而是关涉了社会、自然、环保、生命等问题，这些内容都属于人文领域。教师应引导学生展开学科横向联系，这样不仅开阔了学生的视野，也更有效地促进了学生的学习。教师要注意为学生提供更广阔的空间，让学生充分想象，对地理知识进行内化应用，以提升学生地理综合学习的素养。

（三）强化读图操作，培养学生发散思维

读图是地理学科教学的重要内容，高考试题中也会有读图方面的内容，地形图、剖

面图、地理统计图、景观图等，都属于地理图表内容，这些图表中包含丰富的地理知识。教师要注意强化学生读图能力的培养，让学生能够独立看懂地理图表，并以图表为学习切入点展开地理探究，以形成新的教学增长点。地理图表内容和形式都极为丰富，引导学生解读其内涵时，教师要进行方法指导，让学生顺利进入图表之中，感受多方面的信息，为地理学习带来更丰富的启迪。

教学"大气的水平运动——风"时，教师应引导学生分析风的作用力，水平气压呈现梯度性，促使大气由高气压区域向低气压区域运动。在介绍摩擦力时，教师可以为学生设计讨论问题：大气水平运动时，风有三种作用力，是不是所有位置的风都受这三种力的影响呢？为了让学生对这个问题有更清晰的认知，教师应引导学生阅读教材中的图示，让学生在地图上画出地转偏向力和摩擦力的合力。课堂展示时，很多学生都能够给出具体的解释：从这个图示中可以看出，风的摩擦力和运动方向总是相反的，也就是与风向相反的，而水平地转偏向力又在运动方向右侧90°，也就是和风向呈垂直方向。因此，摩擦力和水平地转偏向力的合力和水平气压梯度力达到平衡时，地表上的风是斜穿过等压线的。很清楚，风向和等压线之间有一个夹角，也就是说，摩擦力对风有一定的阻碍作用，能够减弱风速。通过学生具体分析，可以看出学生能够成功读图，并给出更为直观的展示，以便建立更为清晰的认知体系。风向、地转偏向力、摩擦力等多个因素的共同制约，形成了多角关系，摩擦力影响风向，也影响风速，这个结论给学生认知带来更多启示。结合地图展开解读，说明学生对地图有了更深刻的理解，运用地图展开讲解，更能够体现学生综合思维的能力。

（四）注重媒体助学，培养学生形象思维

多媒体的广泛应用，给学生带来更多直观展示学习的机会。合理运用多媒体手段助力地理学习，已经成为地理学科教学的重要选择。多媒体可以将图片、图表、视频、动画、音频、文字等信息，以更为直观的形式展现在学生面前，不仅能够有效调动学生学习的主动性，还能够成功塑造其形象思维，给地理学习带来更多的帮助。

教学"全球气候变化"时，教师先利用多媒体播放视频材料，并对这些内容进行解读：1982年冬天，在美国纽约曾经出现过22℃的高温，打破了百年同期温度记录；1988年，中国武汉高温天数超过25天；2019年欧洲各国科学家在分析全球环境与安全监测计划（又称"哥白尼计划"）的相关数据后认为，席卷欧洲大陆的热浪导致2019年6月气温比历史同期平均值高出2摄氏度，比2016年6月的最高温度纪录还高出0.1摄氏度。

这些现象反映了什么问题呢？学生针对这些现象开展集体讨论。有学生说，今年全

球气温普遍升高，大量冰川融化了。这些现象都说明一个问题：地球开始变暖了。这是一个非常危险的信号。地球变温会直接给人类的生存和发展带来严重破坏。教师随即切入新课内容："全球气候变化与我们的生活息息相关。今天我们要学习的内容就是全球气候变化，大家仔细阅读相关内容，说说什么是气候变化？气候变化主要有哪些表现？气候变化可以分为哪几种类型？不同气候变化的概念分别是什么？我国气候变化情况如何？"教师一连给出几个思考问题，将学生带入深度思考之中。经过一番讨论，学生大多能够形成共识，教师对学生存在的个性问题给出解答和帮助。课堂展示阶段，学生都能够将问题答案讲述清楚。

教师利用多媒体展示一些视频信息，给学生带来更大的视觉冲击。教师组织学生观看视频材料，并对相关问题展开集体讨论，很快就带领学生进入学习状态。

教师利用问题发动学习，学生深入问题核心展开思考，这些都能给课堂教学带来更多的帮助和启迪。从学生的学习表现可以察觉，教师教学设计和引导是非常到位的，给学生带来了更多心理触动。学生能够结合生活现实展开问题讨论，也为课堂教学带来了更大的支持。高中学生有丰富的生活认知基础，自然有更多认知接轨条件，教师要鼓励学生展开多种形式的学习体验，促使学生顺利成长。

培养学生综合思维能力属于地理学科教学的重要任务和目标。教师要从教学实际出发，认识思维能力塑造的重要性，从不同视界展开教学实践，以调动学生视觉、听觉、触觉等感知器官，致力于综合思维能力的创造，并将综合思维运用到整个教学过程之中，不断巩固学生学科能力，打造高效的地理课堂。

第三节　人地观念素养

人地观念是地理核心素养的关键，其包含正确的自然观、资源观、环境观、人口观、发展观等。人地观念的构建与培养对于地理课程改革有重要价值。分析地理核心素养的内涵，探究人地观念在地理核心素养中的地位及其在地理课程设计中的作用，探讨人地观念的内容与表现，有利于一线教师在教学中较好地培养学生的人地观念素养。

一、人地观念的内涵

综合国内外学者对人地观念的研究，本文认为人地观念是人们分析、处理和解决人地关系问题的根本想法，是对人地关系的理性认识。人地观念除掌握必要的地理知识、技能和方法外，还应培养学生正确认识人类社会与地理环境的关系。其突出强调学生的情感态度、个人修养、社会关爱和家国情怀，注重学生的自主发展、合作参与和创新实践。人地观念居于地理核心素养的重要地位是地理核心素养的灵魂，也是地理教育的出发点和归宿。

二、人地观念的构成

正确的人地观念可理解为"地对人的影响""人对地的影响"和"人与地的协调发展"三个维度，各个维度又包括多方面的内涵。

（一）地对人的影响

地对人的影响主要指地理环境是人类赖以生存和发展的基础，与其生产和生活密切相关，直接影响着人类的饮食、呼吸、衣着、住行并产生地域特征以及区域差异。地对人的影响主要是在一般场合下，自然环境是人类生存和社会发展的重要外部条件。在特殊场合，地理环境会对人类活动起决定性作用。该维度要求学生能够通过地理环境如何影响人们的生产与生活方面的实例简要分析人们生产和生活的地理背景，初步懂得自然地理环境对于人类生存发展的重要性，并能够辩证地看待地对人既有直接影响也有间接影响。

（二）人对地的影响

人对地的影响主要指人类是自然地理环境的产物，在其社会发展过程中总是不断改变和重建新的生态平衡，以增强自身适应地理环境的能力并不断发展和前进。人类为了自身的生存发展通过物质、能量、信息与自然界进行顽强斗争，克服环境的束缚，争取更大程度上利用、改造自然，而地理环境满足人类需求的潜力却是有限的。因此，人类活动对地理环境的影响越来越广泛，越来越深刻。该维度要求学生能够在认识地理环境的基础上分析人类活动影响环境的不同方式和强度，并举出例证说明人类对待环境的不同态度导致不同结果，初步懂得人类在利用自然、改造自然中必须尊重自然规律的必要性，与自然和谐相处形成人地协调发展和可持续发展观念。

（三）人地协调观

人地协调观主要指人类利用自然必须遵循自然规律，不能随意改造自然、破坏自然，谋求人与自然的高度和谐统一。"人地关系"是自人类起源以来就存在的客观事实，随着科技和社会发展，人类社会与自然环境的关系趋向复杂化，在人与自然环境这一对矛盾中，人是矛盾的主要方面。因此，人类必须认识到自然环境容量的有限性，遵循生态平衡规律，推进自然资源可持续利用，减少对环境的破坏。该维度要求学生能够通过对区域环境的简要分析，理解人口、资源、环境、发展相协调的重要性；分析人们对人地关系认识的阶段性表现及其原因，其中科学技术因素既有积极作用，也有负面影响；强调可持续发展的重要性，运用可持续发展观念阐述区域开发中存在的人地关系问题，提出改善自然环境、协调人地关系的对策和措施。

三、人地观念在地理核心素养中的位置

地理学科核心素养是通过地理学习而形成的、具有地理学科特性的必备品格和关键能力，主要由人地观念、综合思维、区域认知和地理实践力四个要素三个维度构成。由此看来，地理核心素养是一个多维度的概念，它指向学生的能力和品格，在内涵上包括知识、能力、情感态度与价值观等层面。人地观念是地理学科和地理教育的基本价值观念，综合思维与区域认知是地理学科基本思想和方法，地理实践力是基本活动经验（学习方式）。从地理核心素养内容结构上来看，地理核心素养体系具有系统性，虽然各地理核心素养要素各具特色，但是各维度间相互重叠、相互交融。同时，从地理核心素养构建模型来看，属于内圆外扇模型。人地观念居于内圆心，综合思维、区域认知与地理实践力在人地观念的外围。地理空间素养模型是以人地观念为内核构建的，四个地理核心素养并非同一层面，人地观念居于地理核心素养的上位层面，是地理核心素养的灵魂，引领地理教育的价值，是地理教育的原点、出发点和归宿。

四、人地观念在地理课程设计中的重要性

地理课程是实现地理核心素养的载体，通过地理课程设计，可以将地理核心素养整合到地理课程中去。例如，新修订后的高中地理课程分为"必修"课程和"选修"课程两个层次。"必修"课程提供地理学科的共同基础，满足全体学生基本的地理学习需求；"选修1"课程在必修课程的基础上拓展、加深，满足部分学生升学考试的需要；"选修2"课程提供多样化的课程清单，满足部分学生因兴趣爱好、学业发展、职业倾向等选课的需要。

必修课程包括两个模块，即"必修1"（自然地理）、"必修2"（人文地理）。"必修1"以自然地理为基础，适当融入地球科学的内容，如"运用地质年代表，简要描述地球的演化过程"，但又不拘泥于单纯的自然地理结构，同时关注自然环境对人类活动的影响，强调自然环境对人类生存、发展的基础性，强调自然环境与人类活动的辩证关系。"必修2"以人文地理为基础，适当融入国家发展战略的内容，如"选择、运用不同类型的专题地图，分析区域重大发展战略的地理条件"，但也不拘泥于单纯的人文地理结构，而是以人类与

地理环境的协调发展为主旨，强调人类活动对自然环境的影响，说明人类在利用自然、改造自然中必须尊重自然规律。"选修 1"课程包括"自然地理基础""区域发展""资源、环境与国家安全"三个模块。"自然地理基础"是对"必修 1"的加深，使这两个模块构成 T 字形。"区域发展"是对"必修 2"的拓展，围绕人地协调继续展开。"资源、环境与国家安全"从地理的角度落实国家安全教育的举措，进一步深化对人地观念的认识和理解，强调人地协调发展的重要性。地理课程的内容在设计时除了考虑内容的衔接性、高考及主题式学习方式的要求外，还强调围绕地理核心素养进行选材，精选地理课程内容，充分体现人地观念，展示地理学核心思想和独特视角，同时响应现代社会可持续发展观念、文明生产和生活方式的要求，展现地理学与生产生活的联系。这样，通过课程设置，将地理核心素养整合到地理课程中去，使地理课程成为地理核心素养的载体，地理核心素养从理论转变为实践。人地观念的培养是地理教育的引擎与动力，地理课程设计应围绕着人地观念展开。

五、人地观念的渗透

纵观整个地理教学无论是课标的要求、教材的内容还是课堂教学的设计以及试卷的命题都无不渗透着人地观念。要在地理教学中充分挖掘人地关系思想，可从地理知识的学习、地理技能的训练以及地理能力的培养等方面进行探索。

（一）地理知识学习中渗透

主要有地球与地图、世界地理、中国地理、乡土地理等内容；高中涉及系统地理，有自然地理、人文地理以及区域地理等内容。这些地理知识的学习是培养学生地理素养必须具备的，也是学生地理技能训练以及能力培养的基础，不仅可让学生了解关于自然现象的知识以及环境与发展的问题，也有利于形成初步的地理科学素养和人文素养，培养学生正确的人地观念。

（二）地理技能训练中渗透

地理技能即是人们在进行地理实践时采用的使活动程序和方法符合客观规律的活动方式，简称动手制作能力。一般包括阅读和使用地图的技能、分析和应用地理图表的技能、地理图文转换的技能等。其训练不仅可强化学生地理基础知识，也对学生人地观念的树立起着积极作用。

（三）地理能力培养中渗透

地理能力即是应用地理知识、地理技能分析解决各种地理问题的本领，也称正确处理人地关系的能力是地理知识和地理技能的综合体现。一般包括地理逻辑思维能力、地理图像运用能力、地理实践能力、地理信息收集能力、地理文字表述能力等。地理能力的培养对学生地理知识的掌握以及地理技能的应用与提升都有促进作用。

此外，人地观念素养的渗透还可以通过教学环节实施、教学方法选择以及学生活动等加以实现，如何评价学生是否真正形成人地观念等问题，仍须今后在地理教学中不断探索。

六、基于核心素养培养的人地观念主题课堂教学策略

（一）促进学生地理知识的学习

人教版高中地理知识涉及自然地理、人文地理和区域地理的内容。学习这些知识是培养学生人地观念的基础，也是发展学生地理核心素养的重要内容。在基于核心素养培养的人地观念主体课堂教学当中，教师必须引导学生扎实掌握这些地理知识，从而培养他们形成初步的地理人文素养与科学素养，树立正确的人地观念。

（二）提升学生的地理技能

在高中的地理教学中，教师在开展基于核心素养培养的人地观念主体课堂教学时，除了教授学生地理知识外，还要培养并提升学生的地理技能，就是学生的动手操作能力。这种能力一般分为阅读地图与使用地图的能力、分析并应用地理图表的能力、转换地理图文的能力。

（三）培养学生的地理能力

在高中的地理教学中，教师在开展基于核心素养培养的人地观念主体课堂教学时，还要注意培养学生的地理能力，即提升学生应用地理知识和技能分析、解决实际生活中的地理问题的能力。换句话说，就是培养学生正确处理人地关系的能力。

第四节 地理实践能力素养

随着课程改革的推进，高中生地理核心素养的培养得到了广泛的关注，成为地理学科教学的改革方向。高中地理核心素养主要包括综合思维能力、人地协调观、地理实践能力及学生区域认知四大方面。其中地理实践能力对学生整体把握高中地理知识，实现对地理知识的灵活运用具有重要影响，是学生核心素养的重中之重。而如何有效地提高学生实践能力则成为目前教学中一个亟待解决的难题。因此，教师要不断汲取先进的教学理念，积极进行地理课堂的创新、改革，为学生地理实践能力的发展和培养提供一定的学习空间。

一、地理实践能力素养概述

关于什么是地理实践能力素养，广义的地理实践能力素养是指个体在实践中表现出来比较稳定的具有地理学科特色的内在品质和涵养。狭义的地理实践能力素养是个体地理实践过程中地理实践知识与能力、地理实践态度与价值观的综合体现。广义的地理实践素养也可以从物质层面、精神层面和社会层面加以界定。物质层面包括具有地理学科特色的技能与能力，能运用地理知识解决生活实际中相关的地理问题，在从事地理实践过程中的审美能力以及地理实践过程中的创造性；精神层面包括地理实践过程中内在偏好和倾向性，例如地理实践的兴趣与态度；社会层面包括地理实践过程中个体的修养与品德，例如地理实践过程中与人合作交流的能力、环境伦理观和环境道德。因此，培养学生的地理实践素养不仅包括对学生的知识与技能的培养，同时还要注重对学生情感、态度、价值观的培养。

二、地理实践素养培养的理论基础

（一）地理课程的基本理念

《普通高中地理课程标准》中关于高中地理课程的基本理念明确提出"重视对地理问题的探究。倡导自主学习、合作学习和探究学习，开展地理观测、地理考察、地理实验、地理调查和地理专题研究等实践活动"。通过开展各种地理实践活动，使学生参与到活动中，有利于调动学生学习的积极性，促进学生的发展。在新课程理念下，教师应该作为教学活动中的一个引导者，帮助学生自己进行设计和实施地理观察、观测、考察等实践活动，充分发挥学生在地理教学中的主体性。比如，在地理教材中设置有很多活动，包括读图分析活动、实验观察活动、问题研究活动等，教师在教学中可以充分利用这些活动，引导学生多动手，通过其参与过程，培养学生的地理实践能力。

（二）杜威"从做中学"和陶行知"教学做合一"思想

杜威是美国近代著名的教育学家，他提出了"从做中学"的教育思想，认为传统的教育主要是从书本上获得知识，具有很大的弊端。因此，在教学中应当重视实验和活动的作用，提倡知行合一，从做中学。教师、教室、教科书不应该成为教学的中心，而应该充分发挥学生在学习中的主体性，引导学生积极动手、主动学习。

现代教学中地理实践力的培养过程其实也是一个做中学的过程，在地理实践活动中学生自己动手参与的过程也是学生学习的过程，并且相对于传统的教学方式更有利于学生的学习。

陶行知是我国近代著名的教育学家，他提出了"教学做合一"的理论，他认为在教学中教的法子要根据学的法子，学的法子要根据做的法子。教学做是一件事，而不是三件事，"做"是"教"和"学"的核心，提倡将教学与生活实践相结合。这对我国的教育有深远的影响，在提倡创新教育的今天，教师要从培养学生实际解决问题的能力入手，使学生在实践中不仅获得知识，同时得到能力的提升。

（三）建构主义理论

在学习观方面，建构主义认为学习不是教师与学生之间简单的知识传递的过程，而是学生在已有认知结构的基础上，通过建立前后知识之间的联系，实现对新知识的建构过程，强调学生对知识的主动发现、主动建构。在教学观方面，建构主义，强调要注重学生的实践性。学生是学习的主体，因此在教学中要引导学生结合自身的知识经验，充分调动学生学习的主观能动性来实现对知识的建构。教学的基本理念可以概括为"以学生为中心，在整个教学过程中由教师起组织者、指导者、帮助者和促进者的作用，利用情境、协作、会话等学习环境要素，充分发挥学生的主动性、积极性和首创精神，最终达到使学生有效地实现对当前所学知识的意义的建构的目的"。地理是一门与人类生活密切相关的学科，在地理教学中引导学生学习生活中的地理，通过实践活动，能够调动学生学习的积极性，有利于学生对知识的主动建构。

三、地理实践能力素养的价值

培养学生的地理实践素养就是培养未来对社会负责任的公民。因为具有地理实践素养的人会运用地理学独特的观察世界的视角，从整体的、联系的观念出发解决问题，克服了只考虑本群体利益，只考虑眼前利益，或者以为人类可以主宰一切的狭隘的人类中心主义的观点。培养学生的地理实践素养是全面落实地理教育目标，尤其是地理能力培养目标、地理过程与方法培养目标的载体。

（一）体现地理学独特观察世界的视角与价值

正如历史主要从时间域视角观察世界，地理学主要从空间视域考察世界。具有地理实践素养的人具备地理学科独特地观察世界的视角，能将自然系统内部、自然系统与人类社会系统有机地联系起来。

我国著名的科学家钱学森在他的开放的复杂巨系统中，将地理系统与社会系统、人体系统、人脑系统并列，星系系统研究的主要是自然科学；社会系统研究的主要是社会与人文科学；地理系统是介于自然科学与社会科学之间的"桥梁科学"。

正是因为地理学处于联结自然科学与社会科学的桥梁位置，它具有与其他学科不一样的研究视角，包括：①通过地方、空间和尺度的透镜观察世界的地理学方法。②地理学的综合领域——环境社会动态把人类活动与自然环境、环境动态与自然系统、人类社会动态与经济、社会和政治系统联系起来。③应用图像的、语言的、数学的和认知的方法的空间表述。它在一定程度上克服了自然科学和人文科学之间巨大的分离。

地理学家观察世界的方法着重于"现实"世界中现象和过程之间的关系和相互依赖性，寻求了解地方之间的关系以及这些关系（在时间和空间两方面）的尺度问题。这使地理学家观察世界的方法具有综合性、区域性并能洞察区域之间以及区域与整体之间的相互依赖性。

地理学偏离其他学科专业的根本出发点在于，它具有生态整体主义的观念。大地是包括土壤、水、植物和动物在内的整体，是大地共同体，人是大地共同体普通的公民。地理学关注人类如何利用与改造支持生命的生物环境和自然环境或环境社会动态。地理学研究不同生物物理过程或环境动态之间的关系以及综合经济、政治社会和文化机制。地理学将环境-社会动态视为核心要素，关注人类对环境的利用和影响，环境对人类的影响以及人类对环境变化的感知和反映，地理学家认识到环境变化对人类群体的影响，精确地感知这种变化及其后果是成功地采取纾缓策略的关键因素。

这种思维方法为人类从地方的综合、地方间的相互依赖性和尺度间的相互依赖性方面科学认识环境社会做出了贡献，为人类决策做出了贡献。地理学家和地理视角对私人和公共部门决策的贡献主要体现在：为地方和区域在诸如城市政策、水资源调配等方面提供决策方案；为国家在能源、经济重构与竞争力、环境问题解决等方面的政策制定提供参考依据；为全球经济与政治重构、贫穷与饥饿问题的解决提供决策方案。

国际地理学将进一步发挥独特视角的优势，为解决人类面临实际问题做出更大的贡献，包括：①揭示复杂系统中的不平衡和动态。②认识全球化（包括环境、经济、人口、政府和文化等）的潮流及其影响。③建立从地方到全球的空间连续系列研究。④利用包括时间系列数据在内的纵向数据进行过程的比较研究。⑤加强地理学理论、技术和研究成果对决策的影响。⑥加强地理教育，包括努力提高一般人口的地理学能力，改进高等院校地理学家的训练，提高地理理解力，加强地理组织机构。

（二）全面落实地理教育的目标与价值

在一个变化迅速、日益复杂的世界上，在一个以经济全球化和局部状况动荡变幻为特征的世界上，在一个交流数字化、信息瞬时化而文化多元冲突不断的地球上，在一个物质程度日渐丰富，贫富差异难于抚平，环境问题日益严重的地球上，明天的公民要具有什么样的素养才算得上是负责任的公民？何种教育经验能提高个人的修养？很明显，地理学必须成为迎接这些问题所暗含的对教育挑战的任何严肃努力的一部分。学生须接触这样的思想和视角：要冲破自然与人类的分水岭，要考虑一地的发展如何影响他地的发展，要专注于局部情况对整体活动影响的途径，而且要培育对组成地球表面的人群和景观的多义性的鉴赏能力。

1. 地理教育的目标体系

我国地理教育的目标发展经历了一个不断发展完善的过程，基础教育课程改革以来，地理知识与技能、过程与方法、情感态度与价值观三维目标共同组成了我国高中地理教育的目标体系。

（1）地理知识与技能

通过地理学习，学生可以获得丰富的地理知识，认识世界上各个国家和地区丰富多彩的自然地理环境、各具特色的人文社会景观以及区域特征，丰富和开阔视野，增长见识，使生活变得智慧、充实而有意义。因此，各个国家都非常注重学习对生活有用的地理知识、学习对终身发展有用的地理知识。不仅如此，有关地区特征、人类与环境的地理知识，横向沟通了自然科学、社会科学和工程技术等多个领域，促进了学科的综合，在提高公民的素质和素养方面具有积极的意义。

《地理教育国际宪章》列举了地理教育在个人知识与理解力方面的作用与贡献，主要包括以下方面：①认识位置和地方，以便在地理架构下审视国内外的事件以及理解空间的相互关系，形成对各种事件的独特认识与看法。②认识地球上的主要自然系统（如地形、土壤、水体、气候、植被），以便理解各生态系统内和彼此之间的相互作用，按照自然系统的整体性合理利用自然。③认识地球上主要的社会经济系统（如农业、聚落、运输、工业、商业、动力、人口及其他），以便对地方有所认识，包括认识自然条件对人文活动的影响，理解按照不同的文化观念、技术水平和政治制度创建环境的不同途径。④认识地球上不同的人种和社会，以鉴赏人类丰富的文化。⑤认识作为日常活动空间的地区和国家结构及运行方式，以便广泛参与社会生活、社会管理。⑥认识全球相互依存的挑战和机会，以便参与广泛的国际合作和国际交流。

《地理教育国际宪章》从公民教育和日常生活出发，将地理教育对个人技能的贡献划分为 5 个方面：①利用文字、数据和符号等形式表达资料的能力。②进行实地考察、绘制地图、访问、理解二手资料和运用统计数据的能力。③利用信息传播和社交等技能去探究从本地到世界各地不同规模的地理课题。④提出问题、收集和组织信息、分析处理资料、发展通则、做出判断决定、解决难题的能力。⑤个人素质和社交能力，特别是日常生活中的空间度量、参与集体工作、与人交往和国际活动的能力。

（2）地理过程与方法

美国地理学家詹姆斯在其所著的《地理学思想史》中说："在科学家所关心的三大参数，即空间、时间和物质组成中，地理学涉及两方面。判断空间方位，确定事物之间的联系是现代人必备的基本能力，也是最基本的素质。"在地理教育中，要培养学生掌握空间方位判断的方法，确定事物之间联系的过程和方法，这即是课程标准中提到的"过程与方法"目标。"过程与方法"是新课程改革的亮点。课程标准中提出的"过程"是对"科学研究"的一种"仿真"，它强调的是让学生经历类似科学研究的过程，以获取知识、掌握方法、领悟科学的思想和观念，其实质在于让学生感知、体验科学家是如何把"科学过程"运用到问题解决中的。

地理过程分为基本地理过程和综合的地理过程。地理基本过程包括地理观察、地理分类、地理交流、地理推断、地理预测和认识空间 – 时间关系等基本要素。综合的地理过程为提出问题、分析问题、形成假设、收集资料与分析、验证假设、得出结论、表达交流等要素。地理方法主要包括地理观察方法、地理实验方法、地理调查方法、地理比较方法、分析与综合方法、归纳与演绎方法。其中，地理"过程与方法"目标是课程目标的核心。这一目标的落实体现了地理学科的实践性和思想性。

（3）情感、态度和价值观

现代人类已经从服从自然选择的防御地位变为主动保护者。人类科技越发达就越应该思考同地理环境相一致的责任，人类应该按照对世界新角色的要求去提高自己的理解力和责任感。

人类面临着最重要的任务是提高人的素质和能力，因为决定人类命运的最重要的因素是人的素质，不仅是精英人物的素质，而且是几十亿普通地球居民的平均素质。

《地理教育国际宪章》将态度价值观作为地理教育的一个重要方面。因此，我国将情感、态度、价值观目标作为地理教育的终极目标。在《地理教育国际宪章》中，列举了所要促成和达到的目标，包括以下四点：①对周围的环境以及地球上各种不同的自然和人文特征产生兴趣，一方面学会欣赏自然世界的美；另一方面体会人类各种不同的生活情况。②关注后代的居住和环境的质量，了解态度和价值观在做决定时的重要性。③时刻准备充分地和负责地把地理知识应用于私人、专业和公共生活上。④尊重别人的平等权利，积极寻求各种可能的方法，以解决国际、国家、地区和本土的问题。这些目标体现了地理教育对人的内在修养方面的贡献，体现了人类对环境和子孙后代担负的责任，体现了公平发展、相互尊重的权利和意识。

2. 地理实践素养培养是提高学生地理技能的基础

地理实践素养培养能够促进学生掌握地理过程与方法，在我国地理教育三维目标中，地理知识目标落实最扎实。不难发现，地理技能、地理过程与方法、态度与价值目标，在我国的地理教学中，都是通过课堂知识学习来实现的，我国的中学地理教育必须将提高学生的地理实践素养作为当务之急。

地理是一门实践性很强的学科，地理学科特色的能力培养是需要在具体的实践环境中的。在前面分析过，地理学科特色的能力体系包括地理观察与观测能力、地理调查与考察能力、地理制作与绘图能力、地理实验能力、地理信息技术运用能力。这些能力的培养需要动手动脑，进行大量的实验操作，也就是说，这些能力必须通过实际的操作活动和实践活动才能实现。

由于地理科学处于自然科学与社会科学之间的桥梁位置，基于一定的地域，综合而复杂的研究视角，使得地理科学的研究方法既涵盖了自然科学研究的重要方面，也汇集了社会科学中研究方法的长处。地理科学的基本过程包括地理观察、分类、交流、推断、预测及认识时空关系。研究方法主要包括地理观察方法、实验方法、调查方法、比较方法、分析与综合方法、归纳与演绎方法。这些过程与方法都具有实践性的特征，也是地理学习的基本过程与方法。

因此，在地理教学中，不仅要把现成的地理知识告诉学生，更要让学生经历地理科学研究过程，掌握地理科学的研究方法。以黄土高原水土流失的教学为例，如果我们只让学生学习黄土高原水土流失的知识，学生只知道在黄土高原地区治理水土流失就是植树造林。学生不会分析不同尺度、景观格局演变的时空变化特征及其驱动因素，当学生解决其他地区的问题时，就会出现生搬硬套的现象。教学中应该让学生了解我国地理学家在探究黄土高原水土流失治理过程中，在黄土丘陵沟壑区开展了大量的野外观测与实验、社会调查与数据分析工作，应用"尺度—格局—过程"原理，系统分析了黄土丘陵沟壑区不同尺度景观格局演变的时空变化特征及其驱动因素，探讨了多尺度景观格局变化与水土流失的关系，揭示区域水土流失机理，在此基础上提出的水土流失治理方案才是合理的、科学的。

3. 地理实践素养培养是改进学生地理人文素养教育的重要途径

地理人文素养是地球上每一个负责任的公民必备的地理素养，它包括人文地理的知识和人文精神。我国人文地理素养培养的最根本问题在于，仅仅通过人文地理知识的学习培养学生的人文素养。人文知识学习可以帮助学生掌握相关的知识，真正的人文精神（全球意识、环境道德意识、资源意识、人口道德意识、可持续发展意识）的获得，是离不开实践与体验的。

（1）地理实践素养培养是对学生进行环境及可持续发展教育的重要途径

人口、资源、环境、粮食安全、能源短缺等问题日渐突出并呈现出全球化的趋势。人类与环境可持续发展关系从来没有像今天显得这样重要，而且在将来会越加重要。地理学是研究环境与可持续发展的基础学科，地理学习有助于学生形成可持续发展观念。正如《地理教育国际宪章》中所指出的那样，"地理教育在这方面的贡献是保证人们注意到个人和社会的行为所产生的影响以及获得准确的信息和技能，使他们能够就环境问题做出正确的决定和建立一套环境道德规范，作为行动的指南"。

目前，人类实际具备的环境道德与人类希望达到的目标还存在着相当大的差距，要缩小这种差距，就必须对受教育者实施环境道德教育，使其依靠信念和自律在地球上持续生存与发展。

我国的环境教育是通过环境知识学习和环境道德学习的形式进行的，其最大的缺陷是学生的环境知识学习并没有真正转化为学生的环境道德和环保行为。要促进学生在日常生活中养成环保习惯，包括环境保护的道德与价值观形成，依靠环境知识的符号学习与记忆是不可能取得良好的效果的，必须在实践中形成。

通过地理实践活动在培养以下的情感和态度方面具有十分重要的价值：热爱自己的国家，并意识到自己所负有的责任；关心周围环境和地球上的不同自然和人文特征，认识日常行为的改变给环境带来的影响和变化；理解人类的不同生活状况，对各个地区环境的关注；关心环境质量、关心人类的生活状况和生命支持系统；正确判断对生命及环境可持续性有益和有害的影响；持可持续发展的价值观。

（2）地理实践素养培养是增进学生区域理解与国际交流的重要途径

在过去的十多年中，国际经济和政治秩序经历了巨大变化，要理解全球经济与政治转型是一项复杂的任务。首先，随着科学技术的发展和全球分工，全球经济出现一体化的趋势。地理学阐明了人类与环境二者的空间组织，揭示了全球经济发展的基本模式和状态。学生通过地理学习不仅要掌握全球经济合作与分工的基本知识，最重要的是为理解全球经济分工和资源配置等问题提供了一种洞察力，这种洞察力有助于学生今后的经济决策。这种洞察力的获得是必须依靠实践体验的。

地理学习所展现的全球不同地域的自然环境与特征，展现的世界各国不同民族的文化、文明和生活方式，帮助学生了解区域之间的文化差异、尊重不同的民族和文化奠定了基础，同时也强化学生的全球意识和国际主义精神。通过地理学习，学生将从全球观点和各国相互依存的角度去认识现实世界，并将本乡、本地、本国置于国际大背景下加以分析思考，从而学会尊重与理解、竞争与合作、关心和交往。因此，《地理教育国际宪章》指出，"地理教育特别注意宣扬国际的谅解、容忍和友谊"，并且积极鼓励下列措施和行为，以推动联合国维持和平活动：①在各个教育阶段，都要体现国际度量和全球观念。②了解和尊重所有民族，了解他们的文化、文明、价值观和生活方式，包括国内各民族的文化和其他国家的文化。③注意到人民之间和国家之间日益增强的全球性相互依存关系。④发展与他人交往的能力。⑤注意到个人、社团和国家之间不仅拥有权利，也承担着义务。⑥了解国际团结和合作的必要。⑦为参与解决社区、国家以至全世界的问题做好准备。尊重与理解、竞争与合作、关心和交往，这些能力和素养只有在学生具体参与到相关情境中去的过程中，通过体验与感悟、互动与反馈才能形成。

（3）地理实践素养培养是践行可持续发展观念的保障

可持续发展是未来公民必备的地理素养的重要组成部分。地理学家通过认识地球表面演化的特征与组织过程以及自然与人文现象相互作用过程来认识环境变化，追寻造成环境问题的原因，这个过程是复杂而漫长的。中学地理教育中关于环境教育的知识是这一过程的结晶，这对学生了解更多的环境知识无疑是有帮助的。但是，从我国地理教育中环境教育的实际情况分析，地理教育家发现仅有环境知识的学习是不够的，关于环境知识的学习并没有如他们所预期的那样转化为学生保护环境的行为。学生需要在一系列环保的实践活动中去体验、去行动，这样形成的可持续发展观才是真正意义上的可持续发展观。例如，城市地理学家在探索资源环境承载条件，进行科学合理开发、综合利用、集约使用资源，如何把中心城市发展同周边城市腹地开发与保护生态结合起来，如何统筹城乡发展逐步实现区域公共服务均等化，从而破解城乡二元结构矛盾等方面做出了重要的贡献，提出了建设"两型"社会（资源节约型、环境友好型社会）。

资源节约型社会是指整个社会经济建立在节约资源的基础上，建设节约型社会的核心是节约资源，即在生产、流通、消费等各领域、各环节，通过采取技术和管理等综合措施，厉行节约，不断提高资源利用效率，尽可能地减少资源消耗和环境代价满足人们日益增长的物质文化需求的发展模式。环境友好型社会是一种人与自然和谐共生的社会形态，其核心内涵是人类的生产和消费活动与自然生态系统协调可持续发展。学生要通过实际调查了解自己所处的环境、生产状态、流通和消费环节，才能真正理解"两型"社会，真正从行为上改变自己。

四、核心素养下高中地理实践能力素养的培养策略

（一）科学引导，培养学生地理实验操作能力

设置课堂实验活动，引导学生借助实验活动的组织、开展、应用进行相应的地理实践能力培养是突破课堂教学时间与空间限制的有效途径。因此，在地理实验教学中，教师要灵活掌握教学目标中的实验要求，从学生地理核心素养的培养出发，锻炼学生地理实验操作能力。

结合多年的地理实验经验，我们发现实验内容越具有针对性、内容越具体，学生的接受程度越高，进而实验效果越好。因此，在地理实验教学设计过程中，教师要提高自身的教学针对性及趣味性。例如，在教授"地理形态的塑造"这一课时，因为它是人教版高中地理必修中重要的实验之一，所以在课上教师要善于结合"地表形态塑造"的教学重点和难点，有选择、有针对性地设置"河流侵蚀模拟实验"，让学生在具体的实验操作过程中不断提高自身的地理综合实践能力。在实验的初期阶段，为了帮助学生准确掌握实验活动的要领及主要实验目标，教师要以问题为引领，打开学生的探究思路。如教师可以借助侵蚀图片引导学生对水速进行推测，并结合河流的流速对侵蚀地点、沉积地点进行猜想，从而激发学生的实验兴趣。为了突出实验活动的趣味性，教师还可以设置一定的河流侵蚀实验情境，如不同植物覆盖下的侵蚀状况，强化学生对地理知识的直观理解。

此外，教师还要传授学生正确的实验方法，如在实验的观察过程中，用文字和不同的符号记录河流侵蚀的结果，并随笔记录下自己的实验心得及不解等，从而为实验活动的

进一步开展打下基础。

（二）创新教学，培养学生地理观察与观测能力

在素质教育的影响下，高中地理教学越来越注重对学生地理实践应用能力的培养与测评，而具备一定的地理观察能力才能更好地做到在实验中学以致用。因此，培养学生敏锐、高效的地理观察与观测能力显得尤为重要。在课堂教学中，为了锻炼学生地理观察与观测能力，教师可以借助不同地势地形的等高线图进行比较教学，通过引导学生对不同地势地形等高线图的初步观测、理解，模仿绘制，进行初步教学，并在此基础上进行有针对性的查漏补缺教学，进而提高课堂教学质量。例如，在山地地形图的教学过程中，教师可以先出示几张典型山地的等高线地形图，鼓励学生认真观察，找出地形图的特点，从而在不断思考、分析中，得出"等高线海拔由四周向中心增大，中心等高线闭合代表山顶"这一结论，从而引导学生进行模仿绘制，实现对学生地理观察与观测能力的培养。

除此之外，教师还可以结合学生对"等高线"地形图的整体学习情况，设定特定区域的等高线地形图，引导学生对区域内的地势地形进行判别。如教师可以搜集我国西北或者西南地区的典型等高线地形图，促使学生借助已学知识对西北、西南地区的地势地貌进行观测，也可以到野外进行地形地貌的观测，从而强化学生对地理基础知识的巩固，提升学生的地理综合实践能力。

（三）联系生活，锻炼学生地理调查与考察能力

学以致用是课堂教学的终极目标。地理知识具有很强的实践性与应用性，结合这一特点，教师可以灵活创设地理教学活动，将地理教学由课堂延伸到课外，拓展到大千世界，从而引导学生在生活实践中，实现对地理知识的调查与考察，提升学生的高中地理核心素养。

1.加强乡土化整合

为了让学生有一个更好的地理学习环境，学校可以在课表中增加一个结合本地乡土风味的地理课程，这样学生在一种更接近课本知识的情境下学习可以获得更多的收益，在这个过程中学生会更加具有学习动力。这个课程的主要目的是让学生进行实践的考察，通过对本地的风土文化、地理位置、板块大致结构、季节、气候、政府对地区的改造等情况进行大致的了解，学生能够进行一个课堂与实践上的知识积累，而人和地域的关系以及政府对自然环境的改造等都是重要的地理知识内容，这门课程的开设有助于学生更好地提高

地理实践能力。

2. 开展户外活动

户外活动能够使学生直接接触到大自然，从而对地理知识的认识和理解是非常有帮助的，如果学生到户外去进行地理考察，不仅涉及各种地理环境因素本身的影响，而且还有其他动物、气候、大气变化、温度变化等外界间接影响因素，仅仅靠课本的知识应用是远远不够的。例如，学生在去课外的活动中考究星空变化、太阳变化、植物识别、气象数据检测等内容的时候，可以利用计算机下载一个软件，它可以帮助学生更好地通过数据的实时变化了解地理知识，这样非常有利于地理实践能力的快速提升。

综上所述，地理实践能力是地理核心素养不可或缺的一部分，而地理实践能力的提高，能有助于学生更好地运用地理知识、认识和操作导航系统、做一些野外考察等，在这个实践的过程中学生能够将知识和实践有效融合，不断提升对地理的认识，以便将来能够更好地用地理知识解决实际问题。因此，在高中地理教学过程中，不能一直照本宣科式地讲课，而更多的是要让学生明白学习地理知识的用处和如何运用，才能让学生的地理综合素养得到真正的提高。

第三章　高中地理的有效教学途径

第一节　高中自然地理教学的有效途径

一、自然地理教学的一般策略

（一）探究－发现式教学

探究－发现式教学借用自然地理研究的一般范式，从现象入手，提出假设、验证假设，最后发现规律和原理。探究－发现式教学是利用系统的步骤，指导学生思考、探索和解决问题，以形成启发学生思维、使其掌握科学研究的方法和程序、培养学生科学态度的教学方法。探究－发现式教学的一般模式如图 3-1 所示。当然，图 3-1 只是对一般模式中的几个阶段做了划分，有时探究发现过程是一个包含多次假设与验证的不断深入的直至问题解决的过程，某一个或几个阶段会循环往复，直至最终得出结论。

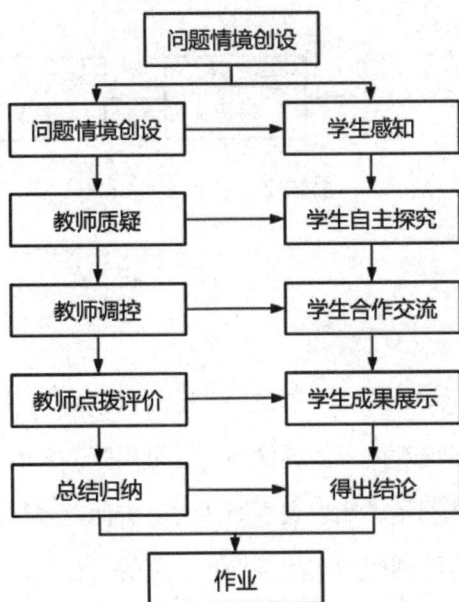

图 3-1　探究－发现式教学流程

（二）实验教学法

地理实验是一种通过对地理事物和现象进行模拟，来验证、巩固地理理论知识和探索发现新知识的教学方法。自然地理教学中有诸多对空间思维能力、演绎推理能力要求高的教学内容，如"正午太阳高度的测算""大气的热力作用""海陆热力性质差异实验""水循环原理""水土流失和植被覆盖率的关系"，恰当的地理实验既可化解地理学习的难度，又可有效培养学生的观察、动手、分析、归纳等地理能力。实验教学的一般模式如图 3-2 所示。实验教学法要注意的问题是，由于课堂实验条件与实际自然环境有差异，实验分析报告中要进行实验条件局限性分析。在开展地理实验的过程中，教师首先要明确实验目的，确定主要变量，控制其他变量对实验结果的影响；然后设计实验流程，尽量模拟自然地理环境；最后做好实验观察记录，并对实验条件与自然环境的差异进行评估。

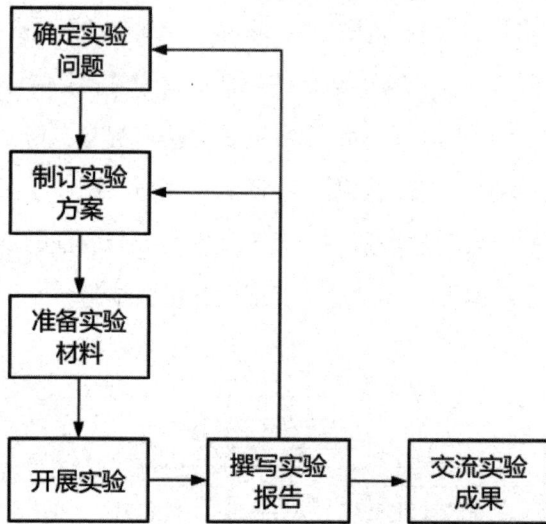

图 3-2 实验教学流程

（三）野外考察法

野外考察是自然地理教学的基本方法之一。地质、地貌、水文、天气、气候、植被分布、矿产分布、土地资源等自然地理内容的教学均适宜采用野外考察法。野外考察活动可以通过最基本的方位确定、地理测量、地理观察等活动，全面发展学生的地理能力。野外考察重在联系地理教学实际、能够利用的实际条件和学生的实践能力等。地理野外考察法的一般模式如图 3-3 所示。

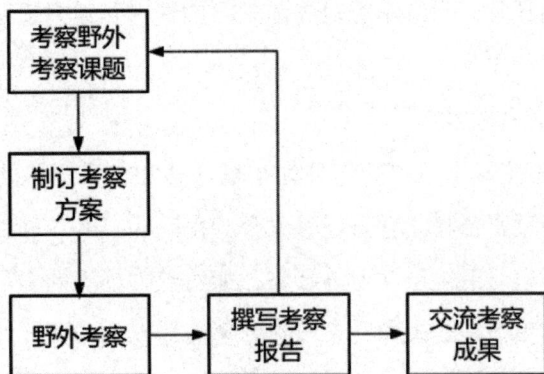

图 3-3　地理野外考察法的一般模式

二、基于学习迁移理论的高中自然地理教学

（一）学习迁移概述

1.学习迁移的定义

学习是一个持续的过程，任何学习都是在学习者已经具有的知识经验和认知结构、已经获得的动作技能、已经习得的态度等基础上进行的。而新的学习过程及其结果又会对学习者原有的知识经验、技能、态度甚或学习策略等产生影响，这种新旧学习之间的相互影响就是迁移。迁移是在一种情境中技能、知识和理解的获得或态度的形成对另一种情境中的技能、知识和理解的获得或态度的形成的影响。迁移就是指先前学习对后继学习的影响，但后继学习对先前学习也会起作用。因此，一般也将迁移定义为：迁移就是一种学习对另一种学习的影响。

2.学习迁移的分类

根据学习迁移的性质、方向以及学习材料的特点，可以将学习迁移分为不同的类型。一般可从以下三个方面进行分类：

（1）正迁移和负迁移

从迁移的性质看，可以将迁移分为正迁移和负迁移两种。一种学习对另一种学习产生的积极促进作用叫正迁移，也就是两种学习之间相互促进。反之，一种学习对另一种学习的消极促进作用叫负迁移，也就是两种迁移的相互干扰。一般来说，负迁移是暂时性的，可以通过一段时间的训练来消除。有效迁移教学最主要的功能就是促进正迁移的产生，排除负迁移对学习的影响。

（2）顺向迁移和逆向迁移

从迁移发生的前后方向来看，可以将迁移分为顺向迁移和逆向迁移。先前的学习对

- 61 -

后继学习的影响是顺向迁移，后继学习对先前学习的影响是逆向迁移。不论是顺向迁移还是逆向迁移，都具有正负之分。

（3）垂直迁移和水平迁移

从前后学习的难易差异可以把迁移分为垂直迁移和水平迁移两类。难易不同的两种学习之间的相互影响叫垂直迁移。垂直迁移又分为由下而上的迁移和由上而下的迁移。由下而上的迁移即较简单学习对复杂学习的影响，如对热力环流的学习，先展示实际生活中的热力环流现象，让学生根据其现象观察出热力环流运动的步骤，然后由教师引导学生理解热力环流形成的原理，从而归纳总结出热力环流的概念。

3.影响高中自然地理学习迁移的因素分析

（1）主体因素

①学习者的心理状态

学习者的心理状态对迁移的影响是双方面的，即学习者的心理状态对迁移的影响可能是积极的也可能是消极的。学习者的心理状态也是复杂的。学习者的心理状态可以归纳为以下两种情况：

第一，学习者的兴趣和迁移动机。在学习过程中，学习者的兴趣对于迁移发生的影响是很重要的，学习者对所学知识兴趣大小直接影响迁移发生的效果。学习者学习兴趣越大，迁移的效果就越好。反之，学习者兴趣越小，迁移的效果就越弱。无论是学生知识的构建还是能力和思维的培养、方法的运用都直接受学习者的兴趣和迁移动机的影响。

第二，学习者在面对学习和考试时的紧张程度。在应对考试和教师提问时，由于个人心理活动的不同，所出现的迁移结果也不尽相同。有的学生心理素质较好，面对压力和考试时能够以平和的心态去应对，可以有效地提高迁移效果；反之，有的学生心理素质相对欠缺，面对压力和考试时，不能以很好的心理状态去应对，迁移效果就会受到影响。

②学习者的认知结构

认知结构也就是学习者头脑中的知识结构，是他们已有的全部观念内容和组织。简单来说就是学生头脑中的知识结构。广义上，认知结构是学习者已有的观念的全部内容及其组织；狭义上，它是学习者在某一学科的特殊知识领域内的观念的全部内容及其组织。美国认知教育心理学家奥苏贝尔在他的认知理论中提出，认知结构是影响迁移的重要因素，主要通过三个变量影响迁移的发生。

第一个认知结构变量即认知结构的"可利用性"，就是存在于学习者原有认知结构中对新认知（知识、技能、方法等）起固定和吸收作用的认知。简单地说，就是学习者原认知与新认知之间的关联和原认知概括程度，两种认知之间的关联越紧密，原认知概括程度越高，迁移的效果就会越好，更便于学习者迁移的发生。反之，如果新旧认知之间的关联度不高或者学习者对原认知的概括理解程度不高，是靠死记硬背来完成对旧认知的理解，而没有深入挖掘旧认知的内涵，就很难实现与新认知的有效迁移。例如，"内力作用和外力作用对地表形态的影响"就是后续学习"山地的形成与河流地貌的发育"的前提，只有深刻理解和掌握内力作用和外力作用对地表形态的塑造，才能理解山地形成与河流地貌发育的真正含义以及两者之间的关系。对于这个变量，美国认知教育心理学家奥苏贝尔提出了"组织者"概念来强化迁移的效果。所谓"组织者"，即帮助新学习的"辅助引导材料"，从而加强原有认知与新认知之间的迁移效果。

第二个认知变量即认知结构的"可辨别性"，就是起固定、吸收作用的原认知与当前的新认知的异同点是否清晰可辨。新认知与原认知之间的辨识度越高，对于新认知的习得帮助越大。反之，辨识度越低，两者越容易发生混淆，新认知也就越容易被原认知替代。所以，教师在课堂设计时要尽量采用对比等方式来强化知识之间的可辨别性。

第三个认知结构的变量即认知结构的"稳固性"，就是起固定、吸收作用的原认知的稳固程度，原认知稳固性越好越利于有意义学习的发生，从而推进迁移的进程。教师为了提高新知识的学习效率，一般会在新学习开始前或者学习中巩固与新知识相关的原有知识，从而更好地促进学习者的学习和迁移。

（2）客观因素

①学习者所处的情境

学习情境包括校外情境和校内情境。早先的迁移理论关注的都是学习材料之间的共同性和相似性以及认知结构与学习迁移发生的关系，对在迁移过程中起重要作用的物理和社会情境因素有所忽视。很多学者认为情境对于迁移的发生并没有实际意义，它只是学习的背景，还不可以直接参与到真正的学习活动中来。但随着对迁移和情境理论的进一步研究，学习理论家们的关注点开始从认知向情境转变，并发现情境与学习迁移的发生有着密不可分的关系。学习情境理论强调实践能力形成的重要性，在这个方面与迁移理论是不谋而合的。因此，从情境的角度来探讨怎么促进有效迁移的发生无疑是有帮助的。有的学者甚至认为学习的根本特征就是情境性的，学习者通过与所处情境的相互作用来达到对新情境的适应。

学习情境对迁移的影响主要体现在其对学习者迁移意识的诱导上，迁移的本质就是利用已有的认知去促进新问题的解决。在此过程中，学习者会在解决新问题时遇到新的特定情境，并对它产生困惑或者不确定。这种对新情境产生的困惑和不确定是学习者发生迁移现象的必备条件之一。因此，学习情境可以帮助学习者形成积极的迁移心向，从而增强学习者的迁移意识。与此同时，在解决新问题的情境中，学习者往往会通过多种学习方式去亲身体验新问题解决的所有过程，从而形成对新问题的全面理解，使迁移更加广泛。

在地理教学中，教师要实现迁移的有效性，就必须为学生提供相应的学习情境，让学生在情境中发现问题的解决方法，自主探究，形成积极的迁移心向，从而促进迁移的有效发生。但需要注意的是地理教师在提供情境时一定要使情境与问题解决紧密联系起来，并要关注情境的呈现方式。

②地理教师是学习者发生迁移的引导者

处于高中阶段的学生还不具有迁移的意识，在知识信息的获取、归纳总结和方法策略的运用上都还不够成熟，所以学生如果想在学习中使迁移有效发生，就离不开教师的指导。

第一，在教学过程中，教师以学习迁移理论作为教学的指导，设计有利于学生迁移产生的教学，采用多种教学方法引导学生自主探究和解决问题。学习迁移不是自发形成的，教师要尝试培养自己的迁移意识，充分发挥自己的能动性，去调试教学过程中可能会促进学生迁移的条件、内容，进而提升学生学习迁移的能力。

第二，在教学过程中，不是仅仅将知识传授给了学生就意味着教师完成了教学任务，要完成教学任务还要教会学生地理学习的方法和地理技能，指导学生运用正确的地理思维方式去理解地理概念、原理以及规律，使他们能够使用所学到的地理知识、技能、方法、原理、思维等去解决实际生活中的地理问题。

（二）高中自然地理迁移教学的策略

1.强化地理教师的迁移意识

地理教师一定要有意识地培养自己的迁移意识，提高迁移意识的方式主要有以下几种。

（1）强化对迁移理论知识的学习

只有将迁移理论知识理解透彻了，才能真正地指导迁移教学的实践，提高教学效率。

（2）反复训练学生的迁移意识

自然地理要获取的地理技能较为抽象和复杂，通过一两次的训练很难达到效果，但地理课堂时间有限，训练不能持续性地进行，所以地理教师应该鼓励学生开展地理课外学习小组活动，由此来调动学生地理技能训练的积极性和持久性。当然，在此过程中，教师一定要做好引导工作，利用多种方式激发学生开展地理技能训练活动的兴趣。

（3）课堂多总结、多归纳

迁移意识的培养不是一蹴而就的，地理课堂是地理教师开展迁移教学的重要场所，所以要充分利用起来，每节新内容的学习容量都很大，学生真正能获取的地理信息是很少的，如果教师不重视对重点知识的总结和归纳，学生就很难提取真正有用的地理信息，难以实现知识的迁移。所以，在课堂上，教师不仅要做到多总结，还要锻炼学生自己总结的能力，提高教师教学和学生学习的效率，真正做到为迁移而教。

2. 知识类比教学

美国认知教育心理学家奥苏贝尔认为学生的认知结构迁移有三个基本特征——"可辨性""可利用性""稳固性"。"可辨性"可以理解为知识之间的差异性；"可利用性"可以理解为知识之间存在的共同要素；"稳固性"可以理解为原有知识的稳固程度。根据美国认知教育心理学家奥苏贝尔对认知结构迁移的解释，我们可以总结出这一观点：正确处理知识之间存在的可辨别和可利用的内容以促进正迁移的发生。自然地理基本知识类比教学策略的实施就是为了更好地利用知识之间存在的"可辨性"和"可利用性"，从而促进迁移的发生。自然地理中很多概念和规律性的知识因为可辨性不高，常常容易混淆，如冷锋和暖锋的概念、自然地理环境的纬度地带性差异规律与垂直地带性差异规律。对于这类基本知识，教师在教学中要注意它们之间的差别，使学生弄清其本质。此外，也有很多知识存在着较强的可利用性，如热力环流的原理是学习气压带和风带形成的基础。所以，教师一定要把握好知识之间的联结关系，有效地开展类比教学，促进正迁移的发生。

3. "先行组织者"教学

"先行组织者"是指呈现于新学习材料之前的引导性材料或信息必须以学习者的原有认知结构或知识原型为基础，才能有助于学习者学习新知识，具有比新学习材料更抽象、更概括和更综合的概念。先行组织者主要可以分为两类：说明性组织者与比较性组织者。说明性组织者和新内容是从属关系，如气压带和风带的知识可以帮助学生分析热带雨林气候、地中海气候、热带草原气候等气候类型形成的原因和基础；后者是为新旧知识的联系提供一种学习材料，如内力作用对地表形态的影响的学习思路就可以帮助学生学习外力作用对地表形态的影响。先行组织者是迁移发生的准备，好的先行组织者可以帮助学生更好地进行迁移。在地理迁移教学中，教师可以从以下两种途径来践行组织者的教学策略：

（1）提供与新内容相关的学习资料

这里所说的学习资料是指能够促进地理新内容学习的影像、图片、文字等资料。在地理教学中，影像、图片、文字等学习资料比传统的教科书更能激发学生的学习兴趣，并且能够帮助学生扩充自己的知识、开阔自己的视野。这些学习资料的提供必须具有一定的教学目的，可以帮助学生更好地进入学习情境或者帮助学生更好地理解知识。例如，讲到火山的时候，教师在开始上课之前先提供一段有关火山喷发的视频，不仅可以激发学生的兴趣，还可以更好地帮助学生了解火山喷发的相关知识，从而促进学习迁移的发生。

（2）有效利用学生已有的知识经验

新知识的学习要建立在已有知识经验的基础上，进行同化顺应的建构。旧知识可以帮助理解新知识，新知识的学习很多都是建立在旧知识的基础上的。所以，在地理教学过程中，地理教师一定要充分挖掘学生已有的知识经验，以更好地帮助学生构建新知识。

4.案例情境教学

地理案例是地理基本知识的载体和呈现方式，是情境教学的一个重要组成部分，能够形象、直观地完成知识的教学。地理案例教学具有重要的迁移价值，可以使地理基本知识更加具体，以案析理、以理析案都是迁移教学的方式。地理案例教学有以下三种功能：

（1）激发学生的学习兴趣

案例教学的优势在于可以使用大量的案例来呈现知识。自然地理概念和地理规律、原理比较抽象，传统的讲授方式难以激发学生的学习兴趣，更不能帮助学生更好地理解地理基本知识的内涵。在地理教学中采用案例教学，给学生营造生动、活泼的学习气氛，并设置与案例相关的问题探究，不仅能够调动学生思考问题的积极性，还能够将理论联系实际，将知识生活化。例如，热力环流原理的案例教学，这部分知识相对枯燥和抽象，在教学过程中，除列举书本上的山谷风、城市风和海陆风以外，如果教师能够选取几个现实生活中的例子加以解释，就更有助于实现热力环流原理知识的迁移。

（2）加深对地理知识的理解

地理案例教学往往采用对案例的分析来完成以案析理的教学过程，由于自然地理知识与规律的抽象性，教师只进行单纯讲解很难使学生理解基本知识的内涵，若用案例进行说明，不仅形象、直观，且能够帮助学生更好地理解知识的内涵。例如，对昼夜长短的季节变化规律这部分知识的学习需要很强的地理空间想象能力，学生很难理解，只能靠死记硬背来掌握规律，但如果教师善于利用所在地的四季昼夜长短的变化来加深学生对该知识的理解，就会事半功倍，促进知识的迁移。

（3）启发学生的地理思维

以案析理和以理析案都是对地理思维能力的培养。以案析理就是根据对个别案例的分析得出地理规律和地理原理，是从个别到一般的思维方式，类似于归纳法。例如，讲到热带雨林气候的气候特征和分布规律时，教师可以给出亚马孙平原、马来西亚等热带雨林气候区的气候特点，让学生观察其分布的纬度，受什么气压带或者风带的控制，学生在分析这些区域的气候特征、分布纬度和形成原因时就会发现它们之间存在的共同规律，从而总结热带雨林气候的气候特征及其分布规律。

以理析案和以案析理的方式刚好相反，它是对自然地理规律和原理进行教学，再举例说明其在现实生活中的运用，类似演绎法。基于案例情境教学的这三个功能，地理教师可以适时采取案例教学来促进有效正迁移的发生。

第二节　高中人文地理教学的有效途径

一、高中人文地理教学的核心领域

（一）高中人文地理教学须重视的"核心地理能力"

人文地理侧重于研究人对地、人与人的关系，以揭示人类活动的空间结构及其地域分布的规律性，树立正确的人口观、人地观、资源观和环境观。由于当前人类所面临的人口、资源、环境与发展问题，现代公民尤其需要通过接受人文地理教育，以更深入地研究国家建设问题和解决诸多重大社会问题。要有效解决地理问题，需要人们在面对某一地理事象时，能够有效地获取、解读、分析地理信息中的有效内容和价值，运用地理基本观点与方法，从"空间、相互作用、时间动态"三个独特的视角出发，发现与提出地理问题，并将中心问题分解成具有逻辑关系的各个层次的子问题，使其易于理解分析。同时，调动和运用地理基本概念、原理、规律等分析问题，运用文字、图表等描述和阐释地理事物的特征、分布和发展变化，深入探讨地理问题，从而最终解决地理问题。

在人文地理教学过程中，教师应让学生尝试运用所学的地理理论和地理研究方法对地理信息进行分析、综合。学生应尝试从学习和生活中获取地理信息，发现地理问题，提出探究方案，与教师或同学合作，开展调查和研究，做出评价，提出解决问题的相应对策；关注有关地理的重大问题的讨论，了解社会有关部门对地理问题的见解，积极参与问题研究，提出自己的见解和建议，并与他人交流。这样，地理问题解决能力又可分解为地理信息加工能力，地理空间格局的觉察能力，地理特征的比较与概括能力，地理过程的分析、想象与简单预测能力，等等。

1. 地理信息加工能力

信息技术的发展和新课程改革使地理教育出现智慧化趋势。地理教育的重要功能是使每个学生都能成为地理信息的主人，都能收集、选择、整理、加工和使用地理信息。人文地理研究的对象是人类活动和社会现象，内容与学生生活实际有直接的关系，从而便于学生通过结合相关课题进行实地考察、访问等生动活泼的方式获得资料，培养和发展地理信息加工能力。新课标在人教版高中《地理·必修2》的"活动建议"中所提出的"运用本地人口资料，绘制图表，探究本地人口的发展模式和人口迁移的特点""收集所在城市不同时期的地图、照片，或进行走访，讨论城市的变化，交流感想""收集资料，对比不同地区人口或城市的文化差异"等均体现了对学生地理信息加工能力培养的重视。

在教学过程中，地理教师要创造机会和条件让学生以实地观察、观测、调查访问等方式获得资料，引导学生运用区域的数据、资料及图表来分析、论证、验证人文地理原理或总结人文地理特征，培养和发展学生的地理信息加工能力。

2. 地理空间格局的觉察能力

地理空间格局的觉察能力是对地球表层各种事物的空间位置关系、空间展开范围和空间排列状态的敏锐觉察力，这是一种具有前瞻性的观察能力，体现了地理学的科学思维。例如，法国地理学家利恩·戈特曼在20世纪60年代就提出了城市群的诊断、理论与模型，阐述了美国东北部地区作为世界级城市群出现的重大意义。他从相互联系的理念和全球的视野揭示了城市群功能和内部结构的变化。人教版高中《地理·必修2》侧重于人文地理学习，三大学习主题均蕴含着对地理空间格局的敏锐觉察能力的培养。

培养地理空间格局的觉察能力，应当把学生能够顺利地观察、想象、概括地理事物在地球表层的空间位置关系、空间展开范围和空间排列状态作为基本要求，通过"情境创设"教学活动，让学生在观察、想象、概括、描绘、表达的过程中发展对地理空间格局的觉察能力。

3. 地理特征的比较与概括能力

地理特征的比较与概括能力是指地理学习过程中所表现出来的对地理事象的显著特征进行分析比较、抽象概括的能力。中图版高中《地理·必修2》"人口增长的模式及与地区分布""城市的空间结构"等均涉及地理特征的比较与概括能力。此项能力的培养要求达到能够较熟练地用观察与分析的方法识别地理事象的显著特征与标志，能够较熟练地用比较法认识地理事象的差异，能够在识别地理事象特征与标志的基础上用简练的语言概括地理特征。

地理特征的比较与概括能力的培养要求教师能够指导学生在研究生产、生活中的实际问题和社会热点、焦点问题时，有意识地从地理视角去观察问题、发现问题中蕴含的地理特征，并能够对这特征进行系统工程分析、描述与概括。

4.地理过程的分析、想象与简单预测能力

地理过程的分析、想象与简单预测能力是指能够对某个地理事件的空间动态过程进行分析、想象，并预测其未来发展变化趋势的一种地理学习能力。地理学习对象经常要涉及"地理过程"，人文地理亦如此。人口的变化、城市化过程、农业地域的形成与发展、工业地域的形成与发展、交通运输方式的变化、人地关系思想的演变等均是地理事象在空间与时间上的发展演变过程。对该类教学内容的学习需要想象、猜测与类比，因此可以用来作为培养学生分析、想象与简单预测能力的载体。例如，关于人类生产活动的基本形式，新课标在"活动建议"中提出"结合所学知识，判断本地农业地域类型，并分析其形成条件""模拟设计某地区交通运输线路和站点的布局方案，简述设计理由"等，这些地理学习活动就是一个对地理过程的分析、想象与简单预测的过程。

地理过程的分析、想象与简单预测能力的培养要求教师能够在有关"地理过程"的教学中，鼓励学生结合所学知识，大胆地猜测和想象，提出与众不同的见解，通过直觉领悟与逻辑方法并用，使学生养成逻辑思维与非逻辑思维相结合的思维习惯。

（二）人文地理教学须重视的"核心地理观点"

地理观点是地理科学素养的重要组成部分。地理观点为人们提出、回答、识别和解决地理问题，以及评价可能产生的后果，提供了一个参考框架。人文地理的核心思想包括区位论和人地关系论。区位论包括人口区位、聚落区位、产业活动区位等，人地关系论包括资源问题、灾害问题、环境问题和环境保护问题等。从地理课程标准的要求、地理学家的倡导以及基础地理教育的实际来看，这些学习主题贯穿与渗透了人地协调观、可持续发展观、空间观、因地制宜观等核心地理观点。人文地理教学须重视这些地理观点的教育，使学生在学习地理知识的过程中追踪地理思维的轨迹，形成正确的人地思想观念，促进人文精神的发展。

1.人地协调观

人地关系是地理学研究的永恒主题。人文地理学的目的在于消除人类同其生存的地理环境间的一切不协调矛盾，创造出一个非常适宜人类生存的生态环境。我国当前的发展问题，如资源开发、城市建设、土地利用、环境保护和国土整治均离不开正确的人地关系思想的指导，环境污染问题、战争冲突、全球变暖问题、人口问题、资源问题以及发展问题更与人地关系密切相关。高中人文地理以人地关系为研究对象，包括人口、城市、农业、工业、交通等内容，这些人类活动都会给地理环境带来影响。协调人类活动与地理环境的关系，促进人地协调是人文地理研究的重点内容。

人地协调观强调人类活动对地理环境的主观能动性，同时强调环境对人类活动的反馈作用。人文地理教学要注意培养学生针对现实生活中的地理问题，获得有关人地关系方面的知识和技能，使学生体会地理学与现实生活的密切联系和地理学的应用价值，树立人地和谐相处的价值观。

2. 可持续发展观

可持续发展观的核心就是协调人口、资源、环境与社会发展之间的关系，建立一种全新的社会发展理念，如"只有一个地球""尊重自然、人要与自然和谐共处""人口道德""环境道德""资源道德""代际公平"和"代内公平"意识。可持续发展是人类对以经济增长为核心的传统发展观反思的结果，是谋求环境问题解决的一种策略，代表着人类社会发展的未来走向，因此可持续发展不仅是人文地理教学的重要内容，也是人文地理教学的重要目的。高中人文地理选择了4个主题：人口、聚落中的城市、生产活动以及人文地理的基础理论——人地关系和可持续发展理论。这4个主题正是围绕人地关系这个永恒的主题，以实现可持续发展思想为归宿，让学生在可持续发展的原则下，站在协调人地关系的高度，系统学习人类应该怎样行动，领悟走可持续发展之路是人类的必然选择，认识在可持续发展过程中个人应具备的态度和责任。

3. 空间观点

地理是关于人类的生存空间的一门学问，空间观点是地理学观察世界的方法。空间观点主要是对地理现象的分布格局及其空间关系的基本认识，涉及"它在哪里""它是什么样子的""它是什么时候发生的""它为什么在那里"等问题。人文地理是从区域的角度研究社会现象的，"区位"是人文地理的核心，区位分析是高中地理的重要内容。人们越来越意识到，从人口再生产和移民的决定，从休闲娱乐到就业投资，我们都必须着眼于特定时刻的区位问题，认识到个人行为与宽尺度社会结构的关系，用空间的观点思考个人的决定是如何受到社会结构和制度的影响的，又是怎样影响着社会结构与制度的。人教版教材重点介绍了农业、工业的区位选择，交通运输线路的布局问题，这些主题以研究人类活动的空间结构及其空间关系为核心，旨在帮助学生建立空间观点，包括区位与空间分布的观点、地理环境的整体性与差异性观点。

二、高中人文地理教学的一般策略

（一）开展体验教学

自然地理的学习可以充分体现理性主义的自然科学方法，需要科学的客观立场。人文地理的学习则更要触及人的心灵深处，更加需要"人文与社会"方法去体验研究充满活力的生命和社会现象。基础教育课程改革非常强调学生的体验，这不但要求教师转换教学思维方式，更要求教师不再"物化"教学，而要"人化"教学，关注学生的情感世界和个体体验。体验是一种产生情感且生成意义的活动，体验的结果是产生情感且生成意义，两者缺一不可。

　　首先，人文地理蕴含丰富的人文精神即情意目标，要通过体验来达成。体验是一种综合性心理活动，包括"以身体之、以心验之、以脑思之"，体验教学既重视知识技能的传授，也强调情境创设与亲历过程，还"照料人的心魄"，有利于地理三维目标的整体达成。其次，人文地理的生活性为体验教学的开展提供了前提条件。体验与生活的意义密切相关，指向价值世界。人文地理中包含着许多与生产、生活密切相关的知识点，有利于结合生活实际开展体验教学，让地理知识与学生的生活世界产生际遇，相通相融，并内化为学生的素质，使学生的生命得到拓展与提升。总之，人文地理与体验教学可谓是高度契合，人文地理中有很多内容都适合学生去亲身体验。体验的方式是多样的，包括动手画、动手算、社会调查、社会决策等。例如，人文地理教学中常用的教学策略——决策教学与图层教学是一种决策式的体验，而社会调查也是一种调查式的体验，乡土地理教学是生活体验式教学，色彩鲜明。

　　感知、活动、生活是形成体验的三种直接途径。当以人文地理原理为核心目标时，可采取决策教学与图层教学，通过让学生经历与反思来促进体验的生成；当以人文地理技能为核心目标时，可采取乡土地理调查、资料分析等策略促使体验的生成；当以地理情感目标为核心目标时，可结合案例和设置"情境"，通过"触景生情"的体验培养学生情感目标。

（二）结合乡土地理

　　乡土地理即本土本乡的地理，实质是身边的地理。地理是从教室、从学校的庭院、从乡村的街区开始的，乡土地理是地理的基础。所以地理课程应该从乡土开始，这是现在普遍承认的一个基本原则。应该引导学生"通过研究乡土进入地理观念和理解基本概念"。我国非常重视乡土地理教学。竺可桢先生曾在《地理教学法》一文中谈道："凡教学地理，必须自己知至未知，自儿童日常所惯于见闻之物，而推至未睹未闻，自个人所受环境之影响，而推广及于社会全体，是故教学地理，开始必自本土地理着手。"[①] 当今我国高中人文地理中的四大主题——人口问题、城市问题、生产活动与地域联系、人地关系与可持续发展都具有浓厚的乡土情结，为乡土化人文地理教学提供了广阔的平台，因此有学者明确提出"乡土化高中人文地理课程"的建议。

---

① 周炎新. 乡土地理在初中地理教学中的应用 [J]. 名师在线，2018（2）：18-19.

乡土地理不仅能够体现地理学科的特色，也蕴含着多重教育意义。第一，乡土地理教学具有很强的实践性，有利于培养学生的地理实践能力。第二，乡土地理有利于提高学生的地理学习兴趣。乡土对学生而言，是某种意义上的"家"的概念，会使学生莫名产生一种亲近感，提供一种情感上的安慰（家是最能令人感到安慰的词语）。第三，乡土地理的研究活动可以使概念、原理、规律具体化、形象化，使地理教学的空间延伸到课堂之外，教学内容也从枯燥的科学世界激活为生动的生活世界，既能体现地理的学科价值，增强地理课程的吸引力，又能培养学生学习地理的兴趣。第四，乡土地理有利于增强学生热爱家乡、热爱祖国的情感。乡土是学生观察、了解祖国的"窗口"。可以通过乡土地理的教学让学生对祖国有更深切的感受，从而有助于学生萌发热爱家乡、热爱祖国的情感。第五，乡土化人文地理教学有助于培养学生的可持续发展观，这本身就是人文地理的核心教学目标之一。

（三）融入讨论环节

人文地理知识具有明显的盖然性与开放性，对于某一问题的答案往往是多元的，因此极具讨论的价值与意义。在人文地理教学实践的过程中，讨论活动较为常见。首先，讨论活动有利于提高学生的参与性，有利于学生主体性的发挥，让学生真正地参与地理教学。其次，集思广益的讨论有利于培养学生的思维能力和表达能力。讨论始于问题，学生只有深入地思考，保持探索的态度，才能展开讨论。在讨论的过程中，学生须要倾听、理解和评价别人的意见，这须要进行辨别、判断、分析、推理等思维活动，同时还须要表达自己的观点，用论据支撑自己的观点。最后，讨论有利于培养学生合作交流的技巧与精神。学生在讨论的过程中既要学会倾听别人的意见，又要学会正确地表达自己的观点，理性地对待不同的观点，学会批判地看待自己和他人的观点以及如何在小组内进行分工合作。总之，讨论的目的往往不在于知识本身，而在于启发思维，发展交流合作的能力，升华情感体验。人文地理讨论的形式多样，如辩论、座谈、研讨、小组讨论、专题讨论、头脑风暴等。

三、高中人文地理翻转课堂教学模式

翻转课堂也称颠倒课堂，是网络课堂与现实课堂的结合，教师在课前把将要学习的课题的教学录像放到网络上，供学生课前自学与练习；在现实课堂里，教师根据学生的课前学习情况进行有针对性的问题解决式教学。翻转教学的实质是通过合理运用现代信息技术来革新教与学的关系，实现"先学后教、以学定教、以学论教"的新课程理念。

（一）翻转课堂对于高中人文地理教学的适切性

翻转课堂是一种混合式学习教学模式，其教学环节可具体描述为课前与课中两个环节。课前环节强调学生的自主学习和问题发现，学生结合视频进行自主学习与交流讨论，通过多种互动方式将不懂的知识或需要进一步深入理解的问题反馈给教师；课中环节强调师生学习共同体的合作探究和问题解决，教师因材施教，或通过开展活动帮助学生掌握和运用在课前学到的新知识与技能。与传统教学模式相比，翻转课堂在教学理念、教学模式、教学流程、师生角色、教学目标、教学评价诸方面都发生了实质性变革。

每一种教学模式都各有利弊，翻转课堂的适用范围也有一定的限制，并不是所有年级的学生都适用。相对而言，翻转课堂更适用于高中生，这是因为高中生的自主学习能力以及应用信息技术的水平相对较高，技能比较熟练。并且，很多高中的知识都是初中知识的升华或深入。高中人文地理以初中区域地理知识和高中自然地理知识为基础来研究人类活动和社会现象，这些对象和内容与学生生活实际都有直接的关系。因此，在高中人文地理教学中实施翻转课堂是适宜的。

1. 符合人文地理知识内容的特点

人文地理的人地关系主要是"人对地"的影响占绝对主导地位，在人教版高中《地理·必修 2》人文地理的编排中，人口问题、聚落中的城市、生产活动与地域联系、人地关系和可持续发展这四个主题知识都是以较完善的人文地理理论为基础的，如环境承载力与人口合理容量理论、人口迁移动因理论、城市空间结构理论、中心地理论、农业区位论、工业区位论、可持续发展理论等，人类活动在地理环境上产生的人文事项都隐喻在这些理论和原理之中。人教版高中《地理·必修 2》的编排特别注重与重大的社会现实或学生的生活实际紧密结合，选取和利用典型活动、鲜活生动的案例来揭示人文地理的基本原理和观点，并以相关理论为指导，客观分析、评价某一区域环境中人类活动的合理性或对人类的不合理性活动进行反思，这样就使得人文地理基础知识的内容具有生活性、近域性、可控性和可参与性。

根据新课程观，学生的知识来源既包括地理教材上的知识素材，也包括教师的个人知识以及师生互动中产生的知识。人文地理传统的"课堂讲解＋课后作业"教学模式脱离学生的生活实际，忽视学生的体验生成，从而使人文地理教学成为课堂上教师八股讲道、课后学生死记硬背的"鸡肋"课，人文地理所蕴含的丰厚的人文思想与科学精神无法为学生所体验、感悟和内化，也难以发展为学生处理人与人、人与环境、人与自身关系的人文精神与情怀。翻转课堂"课前学习＋课堂探究"的教学模式使学生课前能够结合自己的生活经验与学习能力观看教学视频，展开自主学习，发现问题，课中又能够带着问题与老师、同伴一起进行合作探究、交流互动，这种学习过程能够从心理上、情感上降低学生对抽象的人文地理原理认识的难度，激发学生对地理学习过程的主体参与意识。

2. 更有利于达成人文地理的培养目标

人文地理课程以人地关系为基础，探讨各种人文现象的地理分布、扩散与变化，以及人类社会活动地域结构的形成和发展规律，其培养目标在于提供现代公民必备的人文地理知识，增强学生的地理学习能力和生存能力，使学生关注人口、资源、环境、区域发展等基本问题，以利于正确认识人地关系，形成可持续发展观念等。这个培养目标又可具体分解为知识与技能、过程与方法、情感态度与价值观三个维度。

从教学流程上看，传统课堂教学多是在教师讲解完知识后，以布置作业和课后拓展练习来结束教学。这种强化训练不仅会使学生由于教师的共性讲授而致学生产生知识负迁移的现象，更严重的是，课后练习所获得的学习收益是单向的，仅限于知识与技能的巩固与迁移，而情感、态度与价值观的生成是不能通过强化训练获得的；即使获得了知识与技能，由于缺乏集体智慧与思维碰撞，这种对知识的理解与能力的发展也是局部的片面的，学生难以形成地理科学精神与人文素养。翻转课堂的课前学习是一种学生的体验性学习和反思性学习，课堂探究活动是一种探究学习和协作学习，有利于学生体验地理过程与方法、感悟地理情感态度与价值观目标。这些学习结果又可以帮助学生驾驭较为复杂而又系统的地理科学知识，并使地理基础知识与技能的获得成为一种"做中学"的实践应用过程，而不是单纯的记忆和积累的过程。在反思、交流、讨论、表达、评价的过程中，学生能够逐渐形成从情感、精神、文化的层面理解和处理事物的人文精神，从而实现三维目标的整体达成。

（二）翻转课堂在高中人文地理教学中的实施

根据高中人文地理教学内容的特点与培养目标的要求，翻转课堂在人文地理教学中的实施过程分为课前学生自主学习与课中合作探究学习两大环节。课前学生自主学习由观看教学视频、课堂练习和在线交流三个相互衔接的活动构成；课中合作探究学习由提出问题、协作学习、成果展示和反馈评价四个活动构成。

1. 课前自主学习

结合视频中设计的问题开展有针对性的课堂练习，完成本节课的教学要求；最后通过"课程在线"等网上交流平台交流观看教学视频时的心得体会，提出自己的学习困惑，并通过"同伴互助"解决部分疑难问题。教师则通过"交流平台"把握学情，明确教学问题，为课中的探究学习确定好教学起点。

（1）观看教学视频

课前自主学习是学生掌握教材的基础知识、发现学习疑难与困惑、完成教学基本要求的阶段，而观看教学视频是学习的第一步。学生要结合教材和学案观看教学视频，了解教材的基础知识，提出观看视频时产生的疑难与困惑。

（2）进行课前练习

在每段视频后，教师须布置有针对性的课前练习，让学生对学习内容加以巩固并发现学习疑难与困惑。教师要运用最近发展区理论，充分考虑问题的难易程度与练习数量进行教学问题的设计。通过一个个源于课本又高于课本的问题引导学生深入地学习思考，帮助学生进行知识的掌握与巩固，促进旧知结构向新知结构的扩充与完善。针对学生的测试情况，教师还要通过 Moodle 平台测验模块的"结果分析"，统计出每个学生的完成情况，并详细分析学生的出错信息，以做到先学后教、以学定教。

（3）进行在线交流

学生在观看完教学视频后，进入网络课堂，通过讨论板、聊天室等网络交流工具，将自己的见解和疑难上传至论坛，并将各自的学习结果进行交流。通过二次学习，学生可以 0 分享彼此的学习成果，并解答同学们的疑难困惑。为了确保学生讨论交流的参与度与时效性，教师要规定好在线交流的起止时间。

2. 课中探究学习

（1）提出问题

教师根据学生课前练习与在线交流情况，总结出一些具有探究价值的问题，并根据学生的学习现状，设计课中探究问题，如果问题头绪较多或涉及面较广，教师要将问题进行分解。学生根据自己的理解和兴趣选择相应的探究题目，选择同一问题的学生组成一个小组，小组规模控制在 4 ~ 6 人；选择同一问题的小组成员要根据能力与需要进行组内协作分工，以便进行探究学习。

（2）协作学习

协作学习的过程是学生探索问题解决思路与方法的过程，学生结合自身生活经验与知识基础，对问题展开充分的分析探讨。这样的知识学习不再是单纯的"记条条、背框框"的识记之学，而是能够灵活地将所学地理知识与原理迁移到问题解决的思路与方法中，做到理论与实践相结合，知识与能力相转化，理性与感性相融通。协作学习过程中，教师要对整个探究活动进行监控、调整与引导，适时做出决策，引导探究活动深入开展与顺利进行。

（3）成果展示

经过协作学习后，各小组组长把本组的探究问题迅速列在黑板上，然后进入课堂的高潮——成果展示环节。学生可运用多种形式，如问题解决方案、短时演讲、作品展览、辩论会来汇报展示本组的学习成果。一般由一人主讲，其他组员可随机发表不同见解或修正补充。事实证明，这种方式能极大地调动学生的学习热情，激励学生爆发创造性思维的火花，让学生享受成功的快感，满足学生张扬个性和自我表现的欲望。

（4）反馈评价

等学生的"头脑风暴"渐趋尾声之际，教师上台做关键的点拨评价。首先对学生进行激励鼓舞性的评价，肯定他们大胆、新颖的见解，让学生享受成功的体验；然后对疑难问题做关键性的点拨，达到"不愤不启，不悱不发"的效果；最后以举手表决的方式评选出本次探究活动的优胜小组，并将该组的汇报过程视频上传至网络平台，作为优秀教学资源，供师生后续观摩学习。

第三节　高中区域地理教学的有效途径

一、高中区域地理教学的区域综合分析法

人教版高中区域地理教学的基础目标是通过对《地理·必修3》的学习以及对初中区域地理的复习，让学生掌握一定的区域地理基础知识，即区域的地理特征。区域特征是指某特定区域内各种自然地理要素（位置、地形、气候、水文、土壤、植被及自然资源等）和人文地理要素（人口、工业、农业、城市、交通等）相互联系、相互制约、相互作用形成的综合地理特征。在一定空间范围内，由于所处的位置、所具备的条件、影响的因素有别于其他地区，所以形成该地区所独有的特征。区域综合分析法是区域地理教学中的一种重要方法，它是通过全面、系统的分析，从整体上来认识某区域的特征。

（一）区域综合分析法的教学思路

对某一区域地理环境特征的综合分析主要从区域地理位置、区域自然地理环境和区域人文地理环境三大方面考虑。

1.区域地理位置的分析思路

（1）绝对位置

主要是对某地区经纬度位置的分析判断，也就是根据一个地理事物的经纬度来确定该地理事物的区域位置和区域范围，如某地位于 $10°S \sim 40°S$，$120°E \sim 150°E$，即可判断该地是澳大利亚。

（2）相对位置

①海陆位置：主要包括大陆内部、大陆西岸、大陆东岸和被海洋包围的岛屿四种情况。要从所在或相邻的岛屿、半岛、大陆东西岸、大陆内部、大洋东西岸等进行分析和判断区域的位置，如某大陆的西面为太平洋，东面为大西洋，且位于南半球，则可确定该大陆为南美大陆。②山河位置：从山脉分布、走向，河流水系形状、流向等方面进行分析和判断区域的位置，如某地位于太行山的西侧，某河流的凸岸。③政治地理位置：根据国家或区域轮廓，或者邻国、邻省轮廓等分析和判断区域的位置。④交通地理位置：从交通运输的主要方式及交通网中线、点的分布等方面分析和判断区域的位置。

2.区域自然地理环境的分析思路

一个地区特定的地理位置使之形成特定的水热组合，即气候特征。气候影响所在地区的水文、生物、土壤等，这些要素构成了区域自然环境特征。常见的自然地理要素分析可从以下三个方面进行。

（1）地形特征

地形特征主要从地形类型、海拔、地表起伏状况、地形分布、地势高低等方面来描述。地势特征主要从地表起伏变化的趋势来描述，常用的描述语言有两种：一是某方向高，相反方向低；二是从一个方向向另一个方向倾斜。

（2）气候特征

主要从气候类型、气候要素的分布、影响气候的因素、气候对动植物资源和河流的影响、气候与农业生产的关系等方面分析（这里主要介绍两个方面）。

气候类型：主要从经纬度位置和海陆位置等方面进行分析。

气候要素的分布：主要是气温和降水的分布。一般包括两种情况：一是大区域气候要素的分布，即气候特征。二是局部地区气候要素的分布，要根据其自然地理环境特征来分析，如迎风坡降水多，背风坡降水少；阳坡气温高，阴坡气温低。

（3）河流特征

主要从河流的水系特征、水文特征及水资源的开发利用等方面进行分析。

水系特征：主要是指河流的流程、流向、水系归属、河道特征（河谷宽窄、河床深浅、河流弯曲状况）、河网密度（支流多少、河湖关系）、流域面积（面积大小、水系排列形式）等。

水文特征：主要是指河流的流量、水位（汛期、枯水期、断流、干涸）、含沙量、结冰情况（有无结冰期、结冰期长短、有无凌汛）等。

水资源的开发利用：在河流中上游地势起伏大、河流流量大、落差大、水流急的地区，主要开发水能资源；在河流中下游地势平坦、水流平缓、河道宽阔、流量稳定的地区，主要开发内河航运。

3. 区域人文地理环境的分析思路

人类从自然环境中开发和利用资源与能源，发展农业生产、工业生产、城市建设、交通运输、商业贸易等活动，从而构成区域人文地理环境特征。常见的人文地理要素分析可从以下五个方面进行：

（1）农业

主要从区位条件、耕作制度或熟制（热量影响）、作物种类（热量和水分影响）、耕地类型（水分影响）、地域结构类型等方面分析。

（2）工业

主要从工业部门、工业分布、区位条件（如原料产地、工厂和市场三者之间的关系，技术和交通条件及布局要求）等方面分析。

（3）城市

主要从城市化水平、城市布局、城市区位因素、城市环境问题等方面分析。

（4）交通

主要从交通运输线和交通枢纽、交通运输网的密度、影响交通运输布局的主要区位因素等方面分析。

（5）环境问题

主要从环境污染和生态破坏两方面进行综合分析。环境污染主要包括大气污染、水污染、土壤污染、固体废弃物污染、噪声污染、放射性污染和海洋污染等。生态破坏主要包括资源（土地、生物、水、矿产）破坏与浪费和环境恶化（沙漠化、水土流失、生态平衡破坏）两大方面。

目前，主要的环境问题应从其现状、成因、危害及解决办法等方面进行分析。值得注意的是，上述内容只是区域特征分析的一般思路，并不是每个区域特征的分析都要考虑上述所有因素，而是要根据区域的具体情况具体分析。

概言之，综合方法的实质是从矛盾的相互联结上把握事物的总体。综合不是将分析的各个抽象规定简单地、任意地凑在一起，而是从事物的主要矛盾出发，逐步综合由主要矛盾所规定的其他矛盾，从而进一步达到对复杂矛盾的总体认识，达到对事物即对具体多样性及其统一性的认识。综合的过程是和具体事物内部主要矛盾的发展与展开的客观过程相一致的。

分析方法与综合方法是相互联系、相互渗透的。当分析某一地理事物或现象时，必然要揭示构成这一事物或现象各要素之间的联系，这正是进行综合的过程，这种分析叫作综合分析，而综合方法必须在对各要素进行分析的基础上运用。

（二）区域综合分析法的教学策略

1.进行有效整合，发挥"载体"作用

区域地理是认识区域自然环境、人文环境及人地关系的学科，既与自然地理、人文地理和地理技术的前提知识紧密相关，也是将自然地理、人文地理和地理技术联合并用，进行地理综合研究的阵地。

许多自然地理和人文地理的案例都离不开区域地理的具体地理事物或地理现象，这些地理事象的分布、特征、成因、变化等都是自然地理或人文地理的最好"注解"或"说明"；而系统地理的原理、规律、结构、联系等又须要到区域地理中去落实、验证。因此，区域地理的内容是复习地理知识的基础，图像判读技能的训练、基本概念的理解、地理要素间的联系、地理事物的分布、空间概念的建立、地理基本观点的建立等都应在区域地理学习中完成。

2.抓住主导因素，突出区域特征

按照矛盾的观点，任何事物的诸矛盾中都有起决定因素的主要矛盾，抓住了这个主要矛盾，其他矛盾也就迎刃而解了。地理学主张综合分析问题，将地理环境看成是一个相互联系、相互作用的整体。任何一个地理事物都是在其他因素的作用下形成的，一个因素的变化必然会引起其他因素的变化。

在运用这一原理进行区域分析时，首先要注意从众多的因素中找出主要因素，并逐项分析其影响与作用程度，揭示其因果关系。一般情况下要按照各地理要素间的逻辑关系，在区域的各个特征中，找出最具本质（其他特征是由此而引发）的和最具特色（区别于其他地区）的主要区域特征，并以此找出主导因素。

3.构建知识联系，形成知识体系

明确了区域的主导因素和区域特征后，就要利用发散思维导图按照区域地理的综合性，找出自然地理环境各要素间、经济地理各生产部门间，以及自然条件和人类活动之间的内在联系，形成一个个相关的知识系列。

（三）区域综合分析法（青藏高原）课例

1.课前知识准备

课前让学生自行复习本课可能用到的人教版高中《地理·必修3》的第一章知识，完成教学案上会做的基础题。

2. 导入新课

播放李娜的《青藏高原》，营造上课的氛围，铃响后点鼠标引入课题，再点鼠标呈现本课的三个复习目标，继续点鼠标呈现"复习目标1"。

3. 学习新课

（1）位置和范围

（屏幕显示）中国第一级阶梯图（标明青藏地区面积）、青藏地区周边省区图、主要山脉图。

要求：学生看图，识别区域，讨论并回答以下问题。

①青藏地区在哪一阶梯，面积有多大？

②周边有哪些省份？

③青藏地区的范围是什么？

学生讨论回答。

然后让学生自画草图，标明青藏高原、柴达木盆地、昆仑山、祁连山、阿尔金山、喜马拉雅山、横断山脉、雅鲁藏布江等地理事物，进行巩固。

承转：不同区域都有各自的区域特征，那么青藏地区的区域特征是什么呢？

（2）区域地理特征

点鼠标呈现包含青藏地区的三级阶梯图、青藏地区与长江中下游地区气温差异图、青藏地区降水图并提问。

①青藏地区地形的最大特点是什么？学生回答：海拔高。

②青藏地区气温与降水的最大特点是什么？学生回答：气温低（寒），降水少。

承转：高与寒是青藏地区明显的区域特征，这一特征会产生怎样的影响呢？

（3）区域地理特征的影响

播放韩红的《天路》视频，学生观看，教师以该视频为主线，不断地点停画面，进而引出目标讲解。呈现本目标的知识结构图并板书，然后依据此结构展开讲解。点鼠标呈现青藏地区地形图、冰川景观图，学生看图回答。

①地势的高低与河流水文、水系特征有何关系？学生讨论后回答。最后教师总结三江源头和黄河、雅鲁藏布江、怒江、澜沧江及其流向等知识点，讲清三江源与三江并流的差异。

②高寒的特征对植被有何影响？点鼠标呈现青藏地区两幅植被景观图，学生看图回答：植被类型有哪些？

③对农业有何影响？点鼠标呈现农作物景观图、分布图、种类图，我国四大牧区图

和简介青藏牧区的短片，学生看图讨论回答：农作物的分布特点是什么？农作物的特性有哪些？畜牧业的分布特点是什么？主要牲畜的特性有哪些？

④对居民风俗习惯有何影响？点鼠标呈现藏民的服饰图、舞蹈图，学生看图讨论其特点并分析原因。

⑤对聚落有何影响？点鼠标呈现一组住宅景观图、聚落分布图，学生看图讨论其特点并分析原因。

⑥地形地势对交通建设有何影响？交通不便。（屏幕显示）青藏铁路建设的相关视频、图等资料并提问：为什么选择青藏铁路线？有哪三大难题？为什么现在才建？建设铁路有何意义？学生讨论回答后教师总结归纳山区自然条件对陆路建设的影响，分析铁路线建设的意义及区位，教会学生回答此类问题的一般方法。

⑦对资源有何影响？（屏幕显示）太阳能灶、地热发电站、雅鲁藏布江拐弯处森林、察尔汗盐湖、旅游风光等图片并提问：青藏地区蕴藏着哪些自然资源？为什么这里水能、太阳能、地热能资源丰富？

学生看图回答，并分析原因。教师提示学生要运用哪些地理知识和原理，最后呈现资源分布图，让学生找出以上主要资源的位置。

课堂小结：青藏地区在高寒的自然环境下产生了许多独有的特点，但这些特点又是相互关联的。

4. 课例分析

本课例教学的成功之处有以下四个方面：

一是抓住了主导因素，突出了区域特征。

一个区域内，尽管地理事物和现象浩繁复杂，但总有最具代表性和起关键作用的主导因素、主要特征，只要抓住主导因素和区域特征，就能使教学提纲挈领，化繁为简，优化教学过程。本课例共分两部分：第一部分阐述"高"和"寒"。"高"和"寒"是青藏地区突出的区域地理特征，如果将青藏地区的地形特点概括为一个"高"字的话，那么它的气候特征就是一个"寒"字了，它们之间存在着因果联系，是引起地理环境各要素变化的主导因素。抓住了"高"和"寒"对地理环境各要素的影响，也就抓住了各自然景观形成的根本原因。第二部分阐述了高寒环境对气候、水文、人口、农业、牧业和交通等的影响。

二是教会了学生寻找学习区域地理的主线，构建自己的地理要素认知结构和学习方式。

例如，在学习"区域地理特征影响"时适时呈现本目标的知识结构图以及课堂小结部分，利用发散思维导图构建知识联系，形成知识体系；在学习地形地势对交通建设的影响时，教师总结并归纳分析山区自然条件对陆路建设的影响，教会学生分析铁路线建设的意义及区位以及回答此类问题的一般方法。

三是采用了多媒体教学，教学手段运用直观、合理。

例如，对地图的处理、自然景观的描述体现了知识的直观性，调动了学生的学习积极性，激发了学生的学习兴趣，大大提高了课堂效率。

四是重视了知识与生活的联系，把学生在生活中熟悉的知识迁移到教学实际中。青藏地区离学生很遥远，可是《青藏高原》《天路》等却是广为人知、广泛传唱的歌曲，这些歌曲都可作为很好的教学切入点在教学中使用，执教者对课程的这一资源进行了很好的挖掘。

二、高中区域地理教学的区域比较法

比较法是将各种类型的知识进行对比的方法，可以使学生更好地了解和掌握事物的共同属性和个别特征。高中区域地理教学中区域差异比较的思路与方法是从环境要素的因果关系入手，如位置 – 气候 – 植被、土壤人类生产活动的差异（农业：耕作制度、地域类型），把不同区域的地理要素进行对比，在比较中认识形成差异的原因和应采取的对策。这也是高中区域地理教学的核心目标之一。

（一）区域地理教学中比较法的作用

不同的地区，由于所处的地理位置不同，自然条件和人类活动的方式也不同，表现的区域地理特征也就有很大的差异。在区域地理教学中，当学过几个区域之后，教师应该有意识地将各区域的地理特征进行对比，或者在分析一个地区的某个特征时将其与其他区域的条件进行对比，使学生能加深理解区域地理特征形成和出现的原因，认识出现区域差异的原因，并能根据一定的地理事实材料和分析方法，学习新的区域地理特征。

掌握区域地理特征，主要是掌握区域内的自然环境各大要素及其影响下的社会经济特征，各个区域都大致从这些方面来表述。因此，对比分析学习法的优势就体现出来了。例如，在讲"撒哈拉以南的非洲热带草原气候"这一内容时，教师可引导学生分别从分布地区、形成原因、气候特征等几个方面与亚洲的热带季风气候相比较，通过对比，归纳出这两种类型气候的共同特点和不同之处。

（二）区域地理教学中比较法的运用

比较法的种类可以有很多，但不外乎就是"比同"和"比异"。"比同"能使学生更深刻地认识和理解区域地理特征的一致性，"比异"则能使学生理解区域地理的差异性。

区域地理教学中涉及的地理事物和现象复杂多样，因此在课堂教学中，比较法的运用也是多种多样的，使用较多的主要有以下五种：

1. 强化概念，区别混淆

区域地理课本中有许多极易混淆的基本知识、名词概念、规律及原理等。对于这种情况，最好利用比较法，使学生获得正确的认识，增强学习的积极性。例如，水资源与水能资源，一字之差，含义不同。水资源的丰富与否是从水量多少来看，而水能资源的丰富与否不仅看水量多少，还要考虑地势落差。地区水资源丰富，并不代表此地水能资源也同样丰富。可见，通过比较法，我们可以清楚地区别易混淆的地理概念，强化学生的记忆。

2. 相同事物，突出内在差异

在世界区域中，各地自然地理特征和人文地理特征有很多相同的地方，但由于内在的一些因素影响，有时它们之间存在一定的差异，这就需要我们运用对比法，区分它们之间的差异，如印度半岛与中南半岛都属于热带季风气候，而中南半岛的雨季（6—10 月）却比印度半岛的雨季（6—9 月）长了一个月。原因是印度半岛只受来自印度洋西南季风的影响，而中南半岛还要受来自太平洋东南季风的影响。太平洋是世界上最大的洋，亚欧大陆是世界上最大的陆地，东南季风的影响时间特别是对低纬地区的影响时间比西南季风的影响时间要长。10 月时，西南季风虽然不能给中南半岛带来水汽，但东南季风却能从太平洋带来大量水汽，也就是说，10 月雨带因副热带高气压带的移动退出我国大陆后，南撤到了中南半岛，因而 10 月时中南半岛的雨季并不会结束。可见，通过对比，可以使学生透彻地分析出同一种地理事物之间的差异，更能加强学生对知识的理解与掌握。

3. 相似事物，找出异同点

例如，在"西亚与北非"和"中亚"两节课的教学中，我们知道这两个区域中都存在着较大面积的荒漠景观。但经过对比，可发现两者有着本质的区别。气候特点上，两个区域降水均稀少，中亚冬冷夏热，西亚和北非终年炎热，这主要是由两个区域位置的差异导致的。中亚深居内陆，距海远，海洋上的湿润水汽难以深入，因而降水稀少，又因地处中纬地区，所以以温带草原和温带沙漠景观为主；而西亚和北非，因地处中、低纬地区的北回归线两侧大陆西岸，主要受副热带高气压的控制，降水稀少，多为热带沙漠景观，形成了世界上最大的沙漠——撒哈拉沙漠。这样，通过对比，我们不但分清了两者的性质，也区别了两者不同的"本质"。

4. 不同事物，找出内在联系

例如，将地中海气候和亚热带（湿润）季风气候做比较，便可使学生明白两者虽然都处在亚热带，但因海陆位置不同，前者由于西风带和副热带高气压带冬夏交替控制，形成冬雨型特征；而后者由于海陆热力性质差异的因素，形成夏雨型的特征。如此一比较，学生就知道地中海式气候分布在亚热带大陆西岸，而后者分布在同纬度大陆东岸，两者的内在联系和特点就清晰明了了。

5. 综合比较，形成网络

综合比较是把不同地区或不同国家的地理综合体的各个要素进行全面比较，以找出它们之间的不同点。通过对比，学生能够对不同地区的各个地理要素、各个生产部门有一个整体的、完整的概念，对知识有一个比较完整的把握，形成一个小的知识网络。这是一种对要素比较多、比较复杂的区域地理知识进行对比的方法。

（三）区域比较法课例

北方地区和南方地区（第一课时）课例。

1. 导入新课

给学生展示用 Flash 制作的《沁园春·雪》和《村居》。

《沁园春·雪》这首脍炙人口的词为我们描绘了哪个地区的壮丽画面？《村居》这首诗中所呈现的又是哪个地区的迷人春色？不用说，大家都能立即判断出它们分别代表的是北方地区和南方地区。本节课让我带领同学们去神游祖国的北方地区和南方地区。

2. 新授

想一想：北方地区和南方地区有哪些自然差异？咱们首先看地形上存在的差异。

（1）地形差异

①看北方地区和南方地区的录像（提醒学生认真观看，看完后让学生上台用彩笔在中国地形图上分别画出南、北方的区域范围，重点突出秦岭－淮河一线）。

②让学生看中国地形图，教师提问：北方地区和南方地区位于哪几个阶梯？南、北地区有哪些主要的地形区？

（2）气候差异

教师展示"我国季风和非季风区图"，引导学生回答：北方地区为温带季风气候，南方地区为热带、亚热带季风气候。目的是引导学生比较南、北方气温和降水之间的差异，解释植被类型和河流流量的差异。

①展示 1 月和 7 月平均气温分布图，引导学生得出我国夏季和冬季的气温分布特点：夏季，我国南、北方大部分地区都普遍高温；冬季，我国南、北方气温相差很大，越向北气温越低。然后让学生找出 1 月平均气温分布图中的 0℃等温线，教师强调 0℃等温线和秦岭－淮河一线大致相同。

②展示我国年降水量分布图，让学生找出 800 毫米等降水量线，引导学生观察南、北方的年降水量范围；北方地区少于 800 毫米，南方地区大于 800 毫米，越向南降水量越多，教师强调 800 毫米年等降水量线和秦岭－淮河一线大致相同。

③指导学生分别阅读哈尔滨和北京的年内各月气温和降水量图，引导学生得出我国北方地区属于温带季风气候的结论，其气候特征为"夏季炎热多雨，冬季寒冷干燥"，再将这样的特点与武汉和广州的气候进行对比，认识到南方比北方冬季气温高，最冷月平均气温在 0℃以上，而且年降水量大，为热带、亚热带季风气候，同时为分析植被的特点和河流流量的特点打下基础。

（3）植被差异

①植被的南北差异

屏幕分别展示 2 月的东北林海雪原、海南岛插秧景观图，教师提问：两图所代表的景观可能同时出现吗？为什么？引导学生回答出：可能，因为 2 月正值冬季，我国冬季南北温差大，所以南北景观差异明显。

结合"橘生淮南则为橘，生于淮北则为枳"这句话，引导学生明白橘树之所以种在淮河以南和以北长出的果实不同，是因为淮河南北气温存在差异。

②区域内植被仍然存在差异

哈尔滨和北京虽然同属北方地区，但气候条件有所不同。教师引导学生观看"北方温带落叶阔叶林"与"东北林海雪原中被白雪覆盖的针叶林"的图片，体现出即使是在同一区域——北方地区，自然条件仍然存在巨大差异。同理，我们可以看出同属南方地区的武汉和广州的气候条件也有差异，图中反映出的海南岛与长江流域的亚热带常绿阔叶林的景观也有明显的不同。

（4）河流流量的差异

让学生看教材中的长江和黄河流量过程线。用长江代表南方地区的河流，用黄河代表北方地区的河流，通过分析河流流量过程线，比较北方地区和南方地区的河流水文特征的差异。

由降水的特点引导到河流流量分析。首先，让学生明白我国东部季风区的河流流量主要是靠天然降水补给，南方地区的降水量比北方地区多，所以长江流量比黄河流量大。其次，帮助学生发现河流流量的变化与降水的变化之间的关系。总的来说，河流的流量随着降水的变化而变化，降水量增加，河流的流量增大；反之减少。最后，引申到我国南方地区夏季会出现洪涝灾害，明确灾害的形成原因，树立防灾减灾意识。

3. 课堂总结

课件展示"总结归纳"板块，继续引导学生归纳出形成南方和北方自然差异的主导因素（以教师提问的方式，让学生将展示的幻灯片完成）。

4. 课例分析

本节课运用比较的方法，分析南方地区和北方地区的区域特征。内容涉及"总论"中的基础知识，主要包括中国地形的分布和特点、中国气候的主要特征、中国主要的河流等知识。虽然教学内容所涉及的北方地区和南方地区同属我国的东部季风区，但教学时对于区域内的自然地理并没有一一罗列，而是用比较的方法，对北方地区和南方地区的自然特征进行了对比，从而很好地突出了两个区域间的差异，也便于学生掌握。本节课教学活动还注重了对学生读图能力的培养，同时让学生充分利用各种感官去学习地理知识。

第四章　高中地理的多样化教学方法

第一节　发现教学法在高中地理中的应用

一、产生背景

（一）早期的发现教学法

论及发现教学法的思想渊源，需要上溯到古希腊时期一位叫苏格拉底的哲学家的"产婆术"，其思想是帮助儿童直接发现他们自身世界的重要性。

同样强调儿童独立发展的重要性的还有卢梭、第斯多惠、斯宾塞等。但真正使"发现教学"形成理论并有新发展的是布鲁纳，他提出的著名论断构成了发现教学法的理论依据，由此进一步衍生出发现教学法的基本宗旨，之后被各国教师广泛采用。

（二）布鲁纳的发现教学法

布鲁纳认为教学过程是学生在教师引导下主动发现的过程。学生的"发现"与科学家的"发现"具有相同性质，都需要通过积极的思维活动才能"发现"，它们具有相同的智力功能和发展价值。但在形式和程度上却又不同。所以，学生就要像地理学家那样思考地理环境，像天文学家那样思考浩瀚的宇宙，用思维的大脑去发现问题的规律和结论，成为一个积极主动的"发现者"。

教师教学不能照本宣科，不能让学生成为知识的机械接收机，教学应是在教材的基础上，保留令人新奇的观点，引导学生成为科学知识的发现者。可见，"发现法"教学模式的精髓体现在培养学生由"被动接受"知识转为"主动发现"的积极学习方式。因此，布鲁纳强调教学方法同步于课程。他认为："学校课程和教学方式应该同所教学科里基本概念的教学密切联系起来。"因此，他认为想要实现建构主义课程，最有效的方法就是实施发现教学，发现教学的内容是学科课程的结构。[①]

---

① 李洁. 高校教学方法探究 [J]. 黑龙江科技信息，2007（10）：70，162.

二、基本思想

发现教学法是通过组织搜集整理材料、独立思考、自行发现规律、掌握原理的方法。实施发现教学法要体现教师主导性与学生主体性，努力培养学生的创新意识。在地理教学中，由地理教师引导学生对地理现象或地理问题进行独立思考，整合地理材料，从中发现地理规律，掌握地理原理，在地理教学中突出学生的主体地位，地理教师做好引导者角色。

（一）发现教学法亦称"问题教学法"

发现教学法的理论基础为认知建构主义原理和顿悟学说，其本质是在教育教学中增强与旧知识的联系，采用重新建构或顿悟的方式得到新知识和新方法。它的基本流程是：先由教师缜密安排活动，注意不能直接告诉学生结论，而是组织学生采取自主探索、讨论交流、合作学习，最后教师进行总结，得出规律和结论。这对培养学生独立思考和解决问题的能力有很大的帮助。

（二）发现教学法的核心思想

"发现教学"强调不给学生提供现有的知识，而是从他们稀奇、喜问、喜动的身心特点出发，借鉴教师和课本所供应的材料，自身去发现和解决问题，使之成为积极的发现者，而不是消极的接受者。例如，人教版《地理·必修1》中讲解冷锋和暖锋，在绘制冷、暖锋示意图时，由于冷、暖锋的移动方向不同，导致风向不同，进而在绘制的时候，冷、暖锋雨区雨的飘向是一个容易忽略却不能忽视的问题，这时就需要教师引导学生根据讲解的冷、暖锋移动方向的知识去推断雨的飘向，并且告诉学生养成严谨的科学精神的重要性，不要犯知识上的错误。学生在发现与思考过程中将知识牢记，且学会了运用地理知识解决问题。

三、发现法的教学模式

（一）归纳发现法

归纳发现法中概括过程占主导地位，其显著特征是从具体到概括或从特殊到一般。学生在学习过程中对地理问题中的部分特例具有的某种属性比较熟悉，却不愿从特例的某些属性去揣摩该问题的普遍属性。正因为学生具有这样的思维特点，在地理教学中可适当采用归纳发现法来训练学生的地理思维能力，让学生学会利用归纳法来解决地理问题。例如，学习气压带和风带，利用已掌握的热力环流知识在特殊的假设条件下分析整个地球的大气流动方式，然后撤掉假设条件，让学生运用知识从特殊归纳到一般，教会学生对抽象知识的分析方法，降低知识的理解难度。进而对气压带风带的季节性移动和北半球冬夏季气压中心知识的学习运用同样的方法，可使学生快速掌握此种学习方法，学习更加轻松。

（二）演绎发现法

演绎发现法，顾名思义其演绎过程是此方法的核心部分。特点是从概括到具体或从一般到特殊。教学中采用演绎发现法，首先明确要解决的问题，使学生构建出自己的问题空间，而后运用预先评价的方法明确学生是否具备开展演绎所必要的知识概念及技能。在地理教学中，要了解学生的知识水平和能力水平，教师可根据学生的知识能力水平选择简易问题进行演绎发现。如地球运动知识抽象复杂，若单纯让学生通过想象去理解地球自转和公转，教学效果是不理想的，这时候就需要通过演绎发现法，教师运用地球仪和其他辅助工具为学生演绎地球自转和绕日公转，使学生从中发现其特点及意义。

（三）类比发现法

类比发现法是从一种现象所具有的特征，猜想另一现象也具有相似的性质和特征的方法。教师首先需要为学生引导出所研究地理现象的类比物，以此设置问题情境，组织学生使用类比发现法开展探索活动，找出相似性后使用类比推理建立假设并加以验证。课本中大量内容都可以利用类比发现法教学。如南北半球的地转偏向力作用方向对比，南北半球的大气水平运动方向对比，冷锋和暖锋的冷暖气团位置以及雨区位置的对比，气旋和反气旋在南北半球的运动方向对比。

（四）实验发现法

我们日常生活中的观察和实验，可以清楚表示所研究对象的某一特性或者对象本身的特点，也可用来判断研究的性质正误。所以，观察和实验对地理教育教学意义重大。学生可以通过地理实验研究问题。如在讲解山前洪积扇知识时，因为学生未曾亲眼见过冲积扇的形成，书上的文字不能带来视觉上的感官，所以，教师可以在讲解山前冲积扇时运用实验发现法。实验步骤：在平整桌面上，打开的书倾斜放于桌面，让细沙从高处向下缓缓倾倒于书中缝，观察桌面上形成的沙的堆积体的外形特征。学生通过这个实验明白了山前冲积扇的形成原理。进一步改进实验还可以观察出冲积扇不同颗粒沉积物分布规律。

四、教学策略

教师在教学中运用以下教学策略会使教师主导作用更好发挥：一是教学内容要遵循

学生的身心发展规律，与学生的认知发展水平相当，合理的教学序列也是必需的。二是努力创设问题情境，激发学生内部学习动机，营造积极探索敢于求真的氛围。三是了解学生思维过程，正确指导培养学生的独立思考能力。四是教学后的适时强化巩固新知。

五、操作程序

（一）创设问题情境，引发学生兴趣，培养探究动机

问题情境是一种利用"最近发展区"理论的学习情境，创设的情境要求顺应学生已有的知识水平和能力，设计符合学生身心发展的生动趣味的问题，还是须要经过一番努力才能解决的问题。这些问题是由表及里、由浅入深的。学习情境的素材可以选择包含一定规律的学生熟知的自然或实验现象，也可是某些运用地理知识进行推理和判断的案例，还可以是利用知识和技能解决问题的案例。在这样的情境下学生才能形成对未知事物探索的动机。例如，"坐地日行八万里"是否真实，在哪里可以实现？这个问题可在地球知识纬线和线速度讲解前提出；"黄河之水天上来，奔流到海不复回"在讲解了水循环中海陆间循环后提出这个问题，引发学生的质疑思考，培养学生勤于思考、敢于质疑的学习习惯。

（二）主体进行探究活动

主体探究活动是指在教育教学过程中以学生为主体的思维和操作活动。这种探究活动要求以个体的独立操作活动为主要目标，给予学生充足的活动时间和空间，让学生尽量通过实践来开展探求，相互主动交流讨论。这种新的学习体验可以促使学生继续开展探究。教师还须运用激励性语言鼓舞学生，争取让每一个学生都融入交流与商讨之中，这样可以提高学生的思维积极参与度，使课堂气氛一片融洽。如，将学生分成小组，讨论绘制水循环的三种类型，并就其绘制的示意图进行讲解，使所有学生参与其中，培养学生合作交流的团队精神。

（三）发现、分析、比较，提出假说，发展选择性思维

学生利用教师提供的材料，相互讨论，在教师的帮助下将零碎散乱的材料加以整改和重组，通过对比分析，找出知识之间的联系和差别。在这一思维过程中，要鼓励学生充分利用直觉思维，尽可能地罗列出解决问题的方法和解决这些问题时可能遇到的问题。例如，学生在讨论应当采取什么措施减少大气中二氧化碳的含量问题，所有的过程和可行的

方法都由学生组织讨论，教师只是引导学生对结论进行评价，最终总结出正确可行的措施。

（四）引导与发现

在发现教学法中，教师有效的引导和学生积极的发现可以保证学生在正确的思路下进行有意义的探索，这样避免了学生盲目猜想和无效活动。引导应以当前教学内容和学生已有的认知条件为基础，然后逐渐加大难度。教师应给学生自主选择、积极联想、开拓创新的思维空间。例如，讨论未来的崇明岛是什么样子，教师引导学生从河流地貌方面去思考，想象它体现在地形、地貌等自然环境方面的变化，学生就会避免出现南辕北辙，无法突出该章的知识重点的问题。

（五）多向合作交流

学生之间进行相互交流和协作，可以补充和完善自我认知结构的缺失，实现对认知材料的理解和感悟。在独立探索基础上的交流讨论能激发学生对问题的研究兴趣，增加他们对问题的深入研究程度，这种合作与交流还加强了集体理念和团结合作精神，师生间的感情也可以通过情感交流得到增强。在地理教学中，师生之间的交流互动是每节课都要有的，这体现了新课改中以学生为主体的思想。师生在交流讨论中，可以互换思想，教师可以改进自己的教学策略，学生可以发掘一些易错知识点。

（六）亲自操作，验证假设，总结规律，呈现结论

课本上引用的案例虽然具有代表性，但也不是在任何地方都适用。所以，师生就应该对各种可能性运用分析思维开展反复求证、重复讨论、探寻答案。学生动手实践，教师作为引导者确保学生有大致正确的研究方向。例如，人教版《地理·必修课2》中农业和工业区位因素的分析就是一个不确定因素，不同的农业或者工业地域类型都有它专属的区位因素和特征，这就需要学生讨论和反复求证，甚至实地考察得出结论。

（七）转化为能力

学生自我发现的往往是一些简单的概念或原理，教师引导学生将普通的概念或原理用于实践，才能提升学生运用知识、分析问题和解决问题的能力，将知识内化为学生的认知结构。因为地理是对地球表面的地理环境的研究，所以地理大多都是来源于生活。在地理教学中，教师每讲到一个知识点，只要是现实生活中能够接触的都可让学生去亲身体

验，通过自我发现来提高学生的学习兴趣以及地理学习成就感，懂得地理知识在生活中的有效性。

（八）学习效果反馈

学习效果的及时反馈对教学是非常重要的一个环节。其中，学习效果反馈中不仅要有知识层面的反馈，还要记录下学生的课堂行为活动、学习态度与学习方法等重要信息。教师课后应该多与学生交流，对教师的教学速度、教学方法是否习惯，了解学生心目中的地理课堂应该是怎么样的，特别是区域地理。学生课堂上都能听懂，而且都觉得简单，但做题的时候就感到很困难，教师应该就学生提出这一普遍现象，找出解决的方法。

六、遵循的原则

（一）动机原则

动机是完成一件事情的推动力。学习中，教师应当注重激发学生的内在动机，唤起学生对知识的渴望，将学生的智力和非智力因素结合起来鼓励积极创新的思维，促进学生的全面发展。每节地理课堂都应有 5 分钟至 10 分钟的学生活动时间，40 分钟的课堂会让学生感到疲劳，适当的学生活动可以引发学生兴趣并将学生带入课堂，让学生主动学习，地理教材上每一节都有活动或者阅读部分，这样的部分就是教师应该好好利用以推进学生活动的依据。

（二）结构原则

每个事物都有着自身独特的结构，要了解一个事物，必须先了解它的基本结构。在教学中也不例外，教师所教的每一门科目都具有一个最基本的框架，基本的框架是一门学科的核心。任何学科的教师，必须让学生了解该学科的基本结构。学科基本结构是指学科基本概念和原理及其内在联系。教师运用发现教学所教授的应是能为学生所理解的结构化知识。对于地理学科，教师应为学生讲明白的就是地理学科的研究范围。要让学生对地理有一个全面的理解。地理是研究地球表层的各种自然环境和与之有关的人和物。地理研究不是宽泛的，而是具体的科学，范围是有明确界定的。

（三）程序原则

对学生来讲，没有一成不变的序列。所以，学生在某一知识领域遇到的材料程序，将对学生能否完全接受掌握这一知识产生重要的影响。序列是随着多种因素变化的，这些因素包括学生的学习能力、学生对信息的处理能力、学生探索知识的特点等。因此，在编排教材和实际教学中，教师要根据学生的学习水平、认知结构、发展阶段和学生个态差异来安排教学程序，以便让学生构成有整体感和层次感的知识架构。在地理教学中体现最有意义的一点就是地理教师对乡土地理的教学。现在许多老师在讲解地理知识时，都尽量用学生身边的城市、高山、河流进行举例。熟悉的例子会让学生有亲切感，不会产生排斥还会很有兴趣，这就是教学里面的积极案例，这是符合学生的心理发展水平的，这样的教学就是事半功倍的。

（四）反馈原则

作为教学实施的最后阶段，反馈是教师必须注意的。反馈的目的一是及时发现学生错误并纠正，避免学生将错误知识记住而后积重难返；二是虚心听取学生异议和建议，了解学生心里所想实际所需；三是从学生的反馈信息中认识到教学的不足，做到查漏补缺，将教学设计成符合学生身心发展需要的内容，从而不断激发学生的创新和创造能力，将"发现法"的教学效果发挥到最佳。

七、发现教学法特点

（一）强调学习过程

布鲁纳强调，学生不是消极被动的接收者，而是积极主动的探求者。在实际教学过程中，教师不能提供现成的知识，而是要创设一种能让学生自主探究的问题情境。要让学生知道，学习不是对教师所讲和教材所写的死记硬背，学习的主要目的是要求学生参与建立该学科知识体系的过程。地理教学过程本来就是比较有趣的，教师不应该把学习成绩当作评判学生的唯一标准，要让学生知道，教师需要的是他们可以愉快地学习，轻松地掌握。

（二）强调直觉思维

学生的直觉思维在学习上意义重大。直觉思维之所以区别于分析思维，是因为它不是根据既定的步骤，而是采取跃进和走捷径的方法去思考。直觉思维的形成不靠教师指示性的语言文字，它的本质是图像或映像性的。这就要求教师要引导学生在探究活动中形成丰富的想象，集思广益，防止思维的过早语言化。

直觉思维有以下三个特点：一是对不明确情境的感知；二是多数采取映像的方式；三是非语言的过程。

许多地理知识需要凭借学生的抽象思维和空间想象力。所以，在学生发挥想象时，教师不必太过焦急而直接告诉学生答案，而是启发学生、鼓励学生将他们心中的想象描绘出来并说明理由，大家一起讨论是否合理。

（三）强调内在学习动机

学生的学习动机千差万别。学习动机分为外部动机和内部动机。学生为谋求好成绩来得到教师和家长的奖励或避免成绩差被惩罚，这是外部动机。内部动机分为好奇心、能力动机、自居作用、伙伴间相互作用，是想要在学习中发现学习的源泉和报偿。教师更应该重视的是培养学生内部动机，或把外部动机转化成内部动机。而发现活动就有利于激发学生好奇心，学生受好奇心的驱使，对探究未知的结果表现出兴趣，学习自然会进步。在地理教学中，教师可以为学生播放一些与中外地理发现和探索相关的视频，有机会的话还可以为学生提供探索自然的机会，激发学生去发现探索奇妙自然的兴趣，一旦学生有了这种内在驱动力，学习地理就会变得较为轻松愉快。

（四）强调信息提取

布鲁纳坚持认为人类记忆首要的是提取信息而不是贮存信息。尽管从生物学上讲不一定成立，但现实生活需要学生这样做。提取信息的关键在于如何组织信息。要培养学生在储存信息的同时能在没有外来帮助的情况下提取信息，这对学生来说要求很高，教师要采取一些方法去帮助学生提取信息。比如，在讲解知识时着重强调某个信息，告诉学生什么信息是重点，首先是需要简单的记忆，然后就是围绕重要信息进行扩展和举例，这样可以使学生印象深刻，帮助信息提取。

八、发现教学模式的优势和局限

（一）优势

培养学生的抽象思维和空间想象能力，开发智力和学习潜力。教会学生问题探究的方法，巩固对知识的记忆。在尝试过问题前期困惑到后期顿悟的漫长曲折思维过程后，类似问题将不再耗费太多思维过程和时间，反应变得敏捷有效，达到知识的有效迁移。促进学生内部学习动机的形成。

（二）局限

发现教学模式不能针对所有的学科和所有的学生。最适用的是有缜密的逻辑思维，知识迁移性强，便于发现探究得出结论的学科。对于文学、音乐、美术等学科中运用起来相对困难。要运用发现教学法，就需要学生具备扎实的知识基础，要求学生具备用于发现的需要、新知识发现的经验，还能运用现有知识建立假设。这样高难度的要求很容易使学生产生恐惧心理和畏难情绪。并且发现教学费时较多，效率较低，稍微运用不当就会使教学任务不能在计划的时间内完成。

发现教学模式还具有较大灵活性。因为，发现教学要求教师在课堂上引导学生提出问题，其引导材料选择不合适就会造成引导的偏差，对教学产生影响，这就需要教师较高的专业知识水平。而学生在课堂上要主动发现，但对学困生来说，要发现新知比较困难，那么就要求教师对于学生的差异还要进行因材施教，这对教师的自身素质及反应能力都是挑战。

九、发现教学法与地理课堂教学的结合

第一，在学习新的地理知识或揭示地理事物间联系的内容时，可使用发现教学法。

例如，在讲"地球公转特征"时，可以让学生仔细观察地球公转轨道示意图，如图 4-1 所示。

学生发现地球公转轨道是椭圆的，有近、远日点，然后引导学生联系我们日常生活，学生就会进一步发现："近日点是夏季，远日点是冬季，但这一结论与近、远日点的距离对温度影响是不一致的，这是怎么回事呢？"发现的大的反差激发学生进一步探讨，原来我们思考这一错误问题的主要原因，一是我们在从北半球的角度看这个问题，二是影响太阳辐射的主导因素是太阳高度（角），而非离地距离。这种在矛盾激化的过程中化解问题，效果非常好，学生印象最深刻。

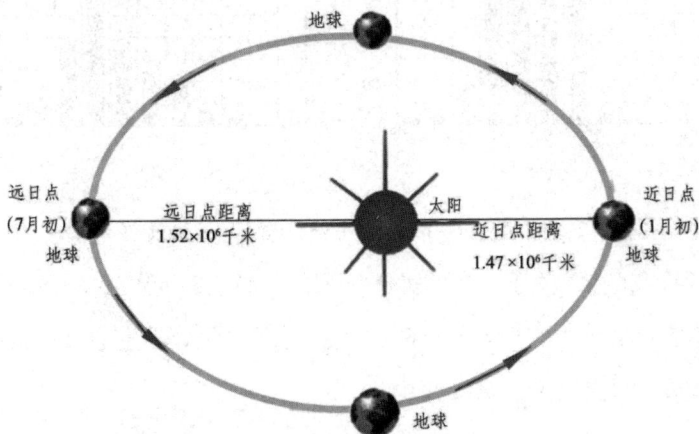

图 4-1　地球公转轨道示意图

再如，在讲"地理环境的整体性和差异"中的非地带性自然带时，可以直接给学生

展示教材上的世界陆地自然带分布图,学生会直接发现陆地自然带非常复杂,但仔细观察也是有一定规律可循的。在教师引导下可以观察南北半球的淡紫色亚寒带针叶林带,引导学生思考"为何南半球缺失了该自然带",学生通过观察会发现南半球该纬度地区几乎全是海洋。学生解决问题后,还可以进一步理解海陆分布这一非地带性因素是怎样影响地理环境的。

在讲季风环流这一知识时,可以给出一幅北半球示意图以及同纬度地区的"撒哈拉沙漠""江南鱼米之乡"的景观图片,让学生观察并思考,造成景观图差异的主要原因是什么?学生发现景观图的差异的最终目的是为了探讨其深层次原因——江南等长江中下游地区主要受到季风的影响,降水较多。学生对问题有了探求的欲望,我们就可以进入季风环流的学习。通过这种自主发现的学习方式,学生会自己构建一个概念就是"受季风影响的地区,水分条件较好"。

第二,通过让学生对比分析"发现"易混淆的地理知识。

如学习"热带季风气候"特点时,学生难以分清其与热带草原气候的异同,这时,教师可指导学生从二者特征(包括气温和降水图)上入手,通过对比分析,发现两者的差异,从而加以区别。如图4-2所示。

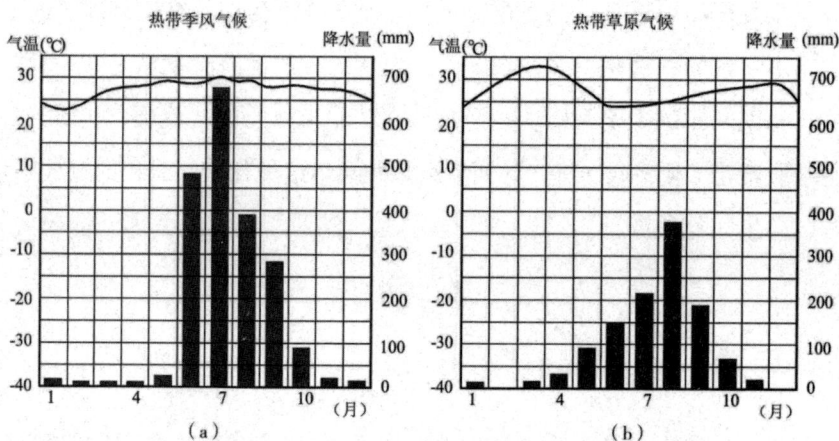

图 4-2 热带季风气候和热带草原气候特征

再如学习冷锋与暖锋,关于冷气团和暖气团的位置,冷、暖气团和冷、暖锋的移动方向,雨区的位置,都是容易混淆的内容。这时,就需要老师引导学生通过比较冷暖锋与天气的示意图,发现异同,得出结论,掌握知识。

第三,教师运用实验演示或者联系生活实际提问,让学生发现问题,找出规律,得出结论。

如在讲太阳高度(角)对太阳辐射的影响时(不同纬度获得太阳辐射的差异)如图4-3

所示，可利用电筒在同一高度而不同倾斜角度照射黑板，然后另一同学围绕光影画圆圈，标记 S_1、S_2。

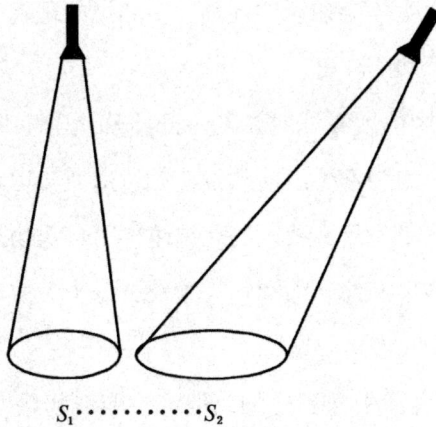

图 4-3　太阳高度对太阳辐射影响图

得出结论：$S_1 < S_2$，即太阳高度角大的同样的太阳光照射面积更小，单位面积获得的太阳辐射更多。

在讲河流堆积地貌中的冲积扇时可以让学生观察实验，让学生观察思考其形成过程。

如我们在讲授人教版《地理·必修 2 》中城市的功能区时，可以结合学生身边的城市并附加相关的图片，引导学生从中发现商业区、住宅区、工业区的布局，如图 4-4 所示。教师可以这样引导提问让学生学会读图：①各类土地利用类型的付租能力与距离市中心远近的关系？②根据实际生活来判定即付租能力促使各地区主要发展什么功能区？

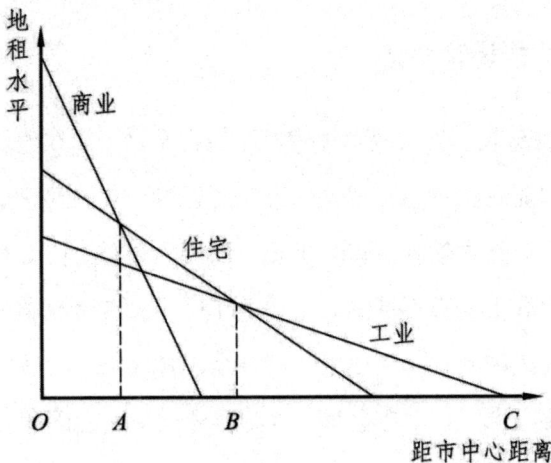

图 4-4　各类土地利用付租能力随距离递减示意

第四，新旧知识联系密切且难度不大时，运用发现教学法进行知识的迁移。

如学习"世界植被类型分布"的时候，先将世界气候类型分布图展示出来，引导学生按照世界气候类型分布图去思考每一种气候影响下是哪种植被类型。这样，运用旧知识和新知识的密切联系，让学生学会知识的迁移，对知识的理解记忆更加轻松，让学生感受到发现并获得知识的快乐感和成就感。

又如，学习"农业的区位因素"时，若一开始就让学生将影响农业的各区位因素都说得完整正确是不可能的，因为学生以前从没接触过这类知识。所以，就要设计一系列贴近生活的问题来进行引导：①为什么我国的北方主要粮食作物是小麦，而南方是水稻呢？②为什么橘生淮南则甜，橘生淮北则酸涩？③为什么每个大城市都有自己的牛奶品牌？为什么花卉和蔬菜基地分布在大城市郊区？

这些问题都是同学们生活中遇到过的，但都没能引起思考，或者这些问题一直困扰着大家。教师引导学生解决这些问题的同时也就完成了新旧知识的迁移，还可以培养学生分析归纳总结能力，学生感到地理知识真的可以解决实际生活问题，对学习地理的兴趣会更加浓厚。

第二节　尝试教学法在高中地理中的应用

一、尝试教学法的历史渊源

（一）我国古代尝试教学法

我国教学思想历史悠长，尝试教学思想则是自古有之，早在殷周时期就有相关记录。《易经》就明确提出"匪我求童蒙，童蒙求我"的思想，它的意思是指，不是教育者强迫受教育者来接受教育，而是求教者主动来求教。那为什么要等待受教育者来求教呢？因为外因对事物的发展只起着重要而不是绝对重要的作用，只有激起学生内在的求知欲才能真正达到教育的目的。在我国的教学历史上，第一个正式提出"尝试"思想的是孟子，他主张学生在学习过程中要自求、自学、自得，教师要先让学生尝试学习然后再进行讲授。

（二）我国近代尝试教学法

进入近代社会后，我国学者对尝试教学法进行了重新的认识，主张学习要从问题入手，重视学生自学能力的培养。近代教育家、思想家梁启超先生在他的《教授法》一书中就明确指出，教员不是拿所得的结果去教人，最要紧的是拿怎么得出的结果的方法去教人。[①]北大校长蔡元培先生也曾经说过，最好使学生自己去探究，教员不讲也可以，要教给学生学习方法，等到学生实在不能用自己的力量了解功课，才去帮助他。

（三）现代尝试教学法的产生背景

在全社会和广大教育工作者的大力支持下，我国基础教育改革经历了60多年风风雨雨的发展，虽然取得了很大的进步，但是随着时代的变化，已经不能完全满足社会的要求，并且与国外相比较，我国基础教育还存在一定的差距和不足，主要表现在：

第一，教育观念相对落后，对人才的培养与时代的要求脱节。

第二，学科与学科之间联系不紧密，课程的内容与结构设置不合理。

第三，在思想政治课方面实效性与针对性还有待加强。

第四，在教学实践活动中，往往忽视了学生的主体性；在课堂中常以课本和教师为中心；学生的实践能力和创新思维难以培养。

第五，教学评价的手段与方式单一，过分看重学生的成绩，忽视了学生全面发展。

此外，我国很多地方推行的素质教育改革流于形式，素质教育口号响亮，私下却把应试教育抓得扎扎实实。基于众多的历史与现实情况，我国基础教育改革已经刻不容缓。21世纪初，我国教育部颁布的《基础教育课程改革纲要（试行）》中明确提出：改变课程实施中过于强调接受学习、死记硬背、机械训练的现状，倡导学生主动参与、乐于探究、勤于动手，培养学生搜集和处理信息的能力，获取新知识的能力，分析和解决问题的能力以及交流与合作的能力。其实我国教育基础改革的实质就是为了培养学生的自主学习能力、创新能力和探索能力，改变传统教学模式下学生被动学习、机械记忆的状况，为学生全面发展创设良好的基础。现代尝试教学法就是在这样一种背景下应运而生的。

二、现代尝试教学法从构想到自成一体的历程

（一）实验尝试

小学教学专家邱学华1951年到农村当代课老师时，通过自身的观察与总结，发现了在传统的教师先讲、学生后练的教学模式中，学生学习的效果很糟糕，并且学生学得很累，教师教得很辛苦。可是由于当时社会条件的制约，这一问题没能及时解决。后来邱学华于

---

① 马俊.梁启超教育思想的嬗变[D].银川：宁夏大学，2022.

1956 年考入华东师范大学教育系，毕业后一边留校教书一边到附小探索新的教学方法。在教学过程中，他实施的是先让学生做练习题，然后教师再讲的步骤，这就是现代尝试教学法的雏形。他为了证明关于"学生能够在尝试中学习"的构想，进行了一系列的教学实验尝试。通过这些实验，尝试教学法初步在实践中得到了证明。

（二）邱学华的论文

邱学华老师经过自己反复的摸索与总结，于 1982 年在《福建教育》杂志上发表了题为"尝试教学法的实践和理论"的文章；后来各地的学者相继开展尝试教学实验，并且众多教育杂志相继转载，从而在全国兴起了一股"尝试教学"的潮流。1985 年 4 月在常州召开的第一届全国协作区域尝试教学研讨大会正式标志着尝试教学法进入了一个新的发展阶段。在尝试教学法得到广大教学工作者认可以前，邱学华老师发表了很多相关著作，例如《小学数学尝试教学法的实践和理论》《再谈尝试教学法》《三谈尝试教学法》等。后来为了充实尝试教学法的理论基础以及指导教师如何在实际教学中运用尝试教学法，邱学华又在多年实践的基础上撰写了《尝试教学法》。

（三）尝试教学理论研究

通过实践，邱学华老师发现，尝试教学法对学生教学效果的提高具有很明显的作用，学生能够在尝试中进行学习。那么为什么会出现这样的效果，这种教学方法是否符合教学规律，是否能把这种教学方法升华为一种教学理论？一系列的问题成为他 20 世纪 90 年代之后思考的方向。21 世纪初，他提出了完整的尝试教学法核心观点，即"学生能尝试，尝试能成功，成功能创新"，并且在第十届全国尝试教学法研讨会以后，邱学华又从学生学习论的角度展开了对尝试教学法新的方向探索。新课程改革要求学生在学习的过程中主动探索，这恰好也与尝试教学法相契合，因此结合新课程理论来研究尝试教学论，从而使尝试教学论研究又进入了一个崭新的阶段。

三、基本观点

尝试教学理论的基本观点是"学生能尝试，尝试能成功，成功能创新"，特征是"先试后导、先练后讲"。

四、学科理论依据

尝试教学理论的学科理论依据，主要包括心理学基础、哲学基础和教育学基础等三个方面。

心理学角度：尝试教学法有利于学生把自己已有的知识和生活的经验迁移到新的知识中来，让学生能够不断优化先前的认知结构；使学生在学习新的知识过程中形成一个良性的循环。

从哲学角度：辩证唯物论认为实践是认识的源泉，是认识发展的动力也是检验认识是否正确的唯一途径，因此在教学活动中要重视学生实践操作能力的培养，要创设一定的条件来发散学生的思维，使学生获得正确的认识。

教学论角度：尝试教学法把教师先讲、学生听了再练的教学形式转变为学生自学、先尝试练习、后教师再讲的新模式，对教师的要求也从单纯的讲授知识转变为讲授知识、培养能力和发展学生智力等多方并重。

五、地理尝试教学法的具体流程

第一步是地理尝试准备练习。这一步是学生尝试活动的准备阶段。教师和学生可以先对旧的知识进行回顾，采取旧知识引出新的知识的策略；为要解决的尝试问题创设一定的条件，从而培养学生对知识的迁移和运用能力。例如，我们在讲"大规模的海水运动"一节中，可以先让学生回忆并绘制旧知识全球气压带与风带示意图，并且复习地转偏向力的有关知识，从而为学生学习洋流奠定理论基础。

第二步是出示地理尝试题。这一步就是给学生提出任务，让学生明白本节课所要学习的知识；教师在尝试题的设置上，要以能够激发学生兴趣、引发学生思考的问题为主；在出示地理尝试题时，可以通过设置情境、案例、小故事等来激发学生的探求欲望。学生在解决问题时应让其先独立思考然后再相互讨论。比如，哥伦布在两次航海过程中距离更远的路线用的时间相对较短，这就让学生感到疑惑，激起了学生探求其中原因的兴趣。然后让学生进行独立思考，并且尝试对照全球气压带与风带和考虑地转偏向力的知识尝试绘制全球洋流模式图。

第三步是自学课本。自学课本是为了让学生自己动手寻找尝试答案。在自学过程前后，教师可以适当提示学生如何带着问题思考，也可以让学生遇到疑惑时在同学之间展开相互讨论或者大胆提问。通过自学课本，大多数学生都找到了解决问题的答案和方法，从而转向下一步学习。

第四步是地理尝试练习。尝试练习根据学科特点有多种形式。为了及时了解和反馈学生的尝试信息，教师应该来回巡查学生的情况，根据学生的情况对学习效果较差的学生进行个别指导。学生在尝试过程中遇到自己不能解决的问题时，一方面，可以继续深挖课本知识；另一方面，可以集多人（同学）的智慧一起解决。

第五步是学生讨论。学生在完成尝试题后，可能会得出不同的答案，这时教师可以让学生讨论并鼓励他们表达自己的观点，在这个过程中能逐渐培养学生口头表达和分析问题的能力；教师也可以从中了解学生容易陷入哪些思维误区以及容易混淆的问题。例如，我们在讲"自然界的水循环"中有关水体的补给类型时，学生很容易对季节性积雪融水和冰川积雪融水搞混淆。学生在讨论时，教师要提醒两类补给的差异，注意两者与温度的关系，受季节性积雪融水补给与受冰川积雪融水补给河流的汛期、径流量等的有哪些不同，然后再引导出可能出现的地区。

第六步是教师讲解。这一步是为了确保学生系统掌握知识。在做尝试题时一部分学生可能是照着例题依葫芦画瓢，而没有真正明白解决问题的方法，因此教师要对问题进行讲解，但是讲解并不是对书本知识的内容从头到尾地讲，而是有选择性、有代表性地讲；要针对学生易犯的错误和教材的重难点进行讲解。教师首先要对学生讨论的结果进行评价，对学生思考过程中的可取之处加以肯定，然后再进行讲解，讲的过程中多对学生的思维进行引导。

第七步是再次尝试。这一步是给学生"再射一箭"的机会。学生在初次尝试后，无论是做对还是做错都存在很多问题，例如知识点理解不到位、变试题迁移不强等。通过学生讨论和教师讲解，学生对自己存在的不足能够得到及时的纠正，从而对知识点的理解更全面深入。教师在编排第二次尝试题时要注意试题应和第一次有所不同，题型要有所变化，要更注重学生迁移知识的运用。

在教学活动中，尝试教学七个步骤是一个有机的整体，其中第一步是准备，中间五个步骤是主干，最后一步是引申。但是由于实际教学活动受多种因素的影响，所以在实际教学中我们不是对一种教学模式进行生搬硬套，而是可以稍加转换，从而使教学效果更好。因此，邱学华在实践的过程中又以尝试教学法为基础派生出了其他的模式，例如，调换式是指在尝试教学法七个步骤中可以把其中的一些步骤调换位置；添加式则指在基本式的步骤中可以再次添加几步，比如在出示尝试题后学生可以添加讨论环节等；结合式是指当学生对尝试教学法很熟悉和适应时，尝试教学法中的七个步骤我们可以结合运用，不必分得过于清楚；超前式的产生是缘于教学模式受课堂时间的限制，所以教师可以把尝试教学法中的某些步骤置于课前完成。

六、高中地理教学中引入尝试教学法的实践意义

在传统的地理教学活动中，学生往往是被动参与课堂活动，学习方式主要以死记硬背、

接受学习和机械训练为主；而地理尝试教学法的引入对改变地理课堂的教学模式，提高学生的主动性，培养学生解决问题的能力，增强生生之间的交流与合作具有显著意义。

地理尝试教学法有利于培养学生的学习兴趣，让学生从生活中发现地理知识，注重地理知识的生活化。所谓兴趣是学生学习最好的老师，运用合理的教学方法有利于学生地理兴趣的培养，与传统的"注入式"教学法相比，地理尝试教学法更有利于激发学生的兴趣。例如，我们在讲人口迁移时，可以以当地（南充）的人口变化来提出问题：在南充顺庆区和嘉陵区，近10年来人口持续增加，那么增加的人口是从哪儿来的呢？从而引出人口增长的两种方式，即自然增长和机械增长（人口迁移）；为什么要到顺庆和嘉陵？又受哪些因素的影响？学生生活在南充，通过对生活的观察与了解，很容易找出问题的答案。

运用地理尝试教学法对学生更深入地理解知识点具有重要意义。在新时期，地理尝试教学法是在新课程理念下指导实施的，它改变了过去地理教学过程中"重结果，轻过程"的情况，更强调学生的参与性，注重教学过程方法和能力的培养。例如，针对地域环境差异性规律，可以通过大量植被景观图片（同一经度，不同纬度），让学生分析、讨论、参与，积极思考大尺度和小尺度下各地植被的差异性以及导致这种分异的原因，从而得出地带性与非地带性规律。通过这些活动使学生在轻松的活动氛围中潜移默化地学到了地理知识。

地理尝试教学法简单易操作，对提高教学成绩的作用明显。并且它充分挖掘了地理教材，尝试步骤环环相扣，易学易用。在高中学习过程中，由于学生学业压力较重，各科时间分配有限，教师利用有限的课堂时间让学生当堂完成作业，有利于学生更合理的分配其他时间；这一阶段的学生往往具有好奇好胜的心理特征，地理尝试教学法以疑引思，以练促学，用讲解疑，让学生积极思考，把课堂还给学生，从而提高了地理课堂的教学质量。

地理尝试教学法可以改善学生传统的学习状况，体现学生的主体性和教师的主导性地位。在传统的地理教学模式下，学生是被动地接受知识，学习过程中大多采用死记硬背、题海战术等机械训练来达到学习效果，并且很多学生把学习等同于"吃苦"，在学习的过程中毫无兴趣和主动性可言。通过运用地理尝试教学法，老师设置不同的问题和情境，引导学生主动探究问题的答案，将课堂变成学生展示自己的天地，让学生真正成为教学的主体。

七、高中地理教学引入尝试教学法的可行性

高中生已掌握一定的地理知识，再加上现代传媒和科普知识的普及，使学生亲身经历了大量与地理有关的现象。

如昼夜长短变化、天气变化等，这都是进行地理尝试学习的潜在动力，且高中生正

处于生理发展的高峰期，形象思维和抽象思维快速发展，已经具备了独立思考和分析问题的能力，教学中使用先试后导的方法对高中生而言具有可行性和操作性。

新课改下地理教科书的特点如下：

一是在新课程改革指导下无论是人教版、湘教版、中图版还是鲁教版的地理教材都具有文字更简洁、图文并重，地理事物呈现的方式更加多样化等特点。在教材中概念性、结论性的语句有所减少，"阅读""活动""案例"和"读图思考"等探究性问题有所增多。

二是从地理教材的结构上看，教材更注重学生读图识图能力的培养，教材中文字的描述大幅减少，图的数量大量增加，并且很多地方以图代文，从而使图像成为教材中不可分割的一部分。

三是地理新教材更加强调对地理事物现象和本质的分析过程，更注重对学生方法和技能的训练，有意识地为学生合作学习、探究学习和自主学习创设一定的环境。

四是从地理教材展现角度上看，新教材着眼于对学生创新精神和创新素质的培养，刻意营造了良好的学习环境。

总的来看，新课程下编制的教材更加注重对学生方法、技能的启发，更加强调学生主动的参与性。基于地理教材以上等方面的特点，尝试教学法在地理教学过程中越来越受到大家的重视。

第三节 问题教学法在高中地理中的应用

一、问题教学法的由来

在我国，提问法最早可以上溯到先秦。孔子曰："敏而好学，不耻下问。"

在国外，问题教学法的来源就是古希腊的苏格拉底所提出的"产婆术"。苏格拉底采用设置问题的方式进行课堂教学，引导学生在教师提示之下自主地寻找问题的正确答案，这样通过提问、回答，反复的诘难来探寻事物的普遍规律。

近代以来，"问题教学"的理论是苏联教育家马赫穆托夫提出来的。马赫穆托夫对苏联当时只重视知识传授的教学方式持反对意见。他指出，要采用较为先进的科学实践的教学方法。他把课题或问题的解决作为教学实施的主要过程。他指出，要让教学活动拥有明确的目的、能充分发挥学生主观能动性，可以采用由教师带领学生解决问题、师生共同解决问题或者学生独立探索解决问题等不同方式。

二、问题教学法的含义及本质

问题教学法的目的是启迪学生思维并且提高学生解决问题的能力。该方法是教师和学生围绕着具体的问题而进行的。其核心要义是以提出、思考、讨论和解决问题为主线，在此引导下完成教学的任务。问题教学法从本质上说，是一种符合人类的思维习惯和认知发展规律的科学的教学方法。该方法最大特点就是融合作讨论、讲授、启发等教学方法于一体。问题教学法是一种具有探究性的双向式教学方法。

三、问题教学法的原理

问题教学法是心理学关于思维的研究成果。研究表明，思维的过程是能动的。但是必须设置问题情境，才能形成这种能动的思维过程。苏联的心理学家鲁宾斯坦在他的著作《问题思维理论》中提到："思维的核心是创新，思维起始于问题，是由问题情境产生的，而且是以解决问题情境为目的的。"[①] 从心理学角度来看，青少年学生内心都存在着强烈欲望，即期待有展示自己才能的机会。所以，在教学过程中，教师应该依据不同的教学内容，提出多种形式的问题，而且要求提出的问题能启发学生主动去思考，能建立学生与问题之间的相互作用。

四、问题教学法的应用步骤模式

当代美国的问题教学模式：选择问题，明确问题，借助信息工具寻找线索，解决问题。

巴班斯基的模式：营造问题情境，集体讨论，证明结论，提出问题作业。

玉林现象与问题教学法的比较："玉林现象"是指广西玉林市在新课改过程中探索出的适用于新课程的问题教学法，这种方法以引导学生独立自主学习为核心，以问题为线索来安排教学活动，重视引导学生学习课本、领会"双基"、运用知识、反思总结，学会学习，培养学生的创新精神，提高学生的实践能力，是一种集中体现素质教育的新型教学方法，能帮助教师取得教学的成功（如表 4-1 所示）。

表 4-1 新课程问题教学法教学结构

教学过程与步骤	教师教学行为	学生学习行为	问题呈现形式	教学要点
指导预习	创设情境设置预习提纲	形成学习渴望预习课程文本，自习、阅读、练习	引领性问题	激发学习兴趣进行文本学习

① 梁欢. 问题情境创设与培养学生创新思维的策略研究——以高中思想政治课"伟大的改革开放"为例 [J]. 教育观察，2021，10（31）：107-109.

教学过程与步骤	教师教学行为	学生学习行为	问题呈现形式	教学要点
问题教学	提问交流收获	主动应答，互相交流，共享收获	陈述性问题	了解掌握"双基"的情况，互相启发、交流、分享
	引导提出疑问	主动提出疑难问题，小组讨论，互相研讨，合作探究	疑难性问题	互相研讨解决疑难问题，落实重难点知识问题
设问练习	适当示范设问	应用练习，互设问题，应用知识解决	应用性问题	应用知识形成能力
总结引新	引导归结引出新的问题	回顾反思得失，形成新的探究问题	探究性问题	反思总结，提出新的问题
特征	以指导学生自主学习为核心		以问题为主线组织课堂教学	指导学法，培养学习能力、创新精神和实践能力
备注	其教学过程与步骤可结合具体情况灵活安排，新颖变化，不应千篇一律			

什么是"地理问题教学模式"呢？地理问题教学法是以地理教材为依据，地理问题为导向，教师引导学生自学、共同分析探讨各种地理现象和问题，以此来探索事物发展规律的一种地理课堂教学模式。地理问题教学法突出了学生在地理教学中的主体地位，引发了学生对地理问题的兴趣，开发了学生的思维，张扬了学生的个性，为学生综合素质的全面、协调和可持续发展奠定了坚实的基础。教师在课堂上坚持做到"三不讲""三让""六动"。"三不讲"是指学生会的知识点不讲，学生通过自主学习能掌握的知识点不讲，教师讲了学生也不能理解的知识点不讲；"三让"是可以让学生自己想的问题让学生自己想，可以让学生说的知识点尽量让学生主动说，可以让学生做的尽量让学生自己做；"六动"是让学生动眼睛看、动耳朵听、动口讨论、动手写、动手画、动脑思。通过学生自主学习、同桌交流、生生互动、师生互动，最终达到共同发展，充分体现了以"学生发展为本"的教学理念。

五、地理问题教学法的优点

（一）能够提高学生对地理学习的兴趣和积极性

地理的特色体现在区域性，千姿百态的地理世界存在着许多令人向往和不解的地方，通过身边的乡土现象开始我们的地理科学之旅。

（二）能够为学生创设更多的学习参与机会

在课堂教学中，问题教学法借助问题的探究，以师生之间的互动、对话和交流等途径来增加师生之间的沟通，从而增强学生参与学习的机会。

（三）能够增强学生解决问题的能力

问题教学法是按照提出问题、分析问题和解决问题的步骤进行的，在教学中把握问题解决的基本步骤，有利于增强自己的问题意识，提高自己发现问题、分析问题和解决问题的能力。

（四）学生能牢固地掌握问题教学中的知识点

声音信息是最容易被遗忘的，图像信息则不会很快被忘记，在问题教学法中学生通过亲身实践来获得经验，通过合作探究与独立思考来加强对知识点的理解，以便记忆得更加牢固。

（五）有利于学生学会主动探究问题

通过问题教学法，学生在学习中不断地思考问题，一方面，有助于培养学生独立学习和工作的品质；另一方面，有助于使学生形成善于捕捉问题、分析问题、解决问题的学习方式和思维习惯。

地理问题教学法的基本原则：问题教学以全体学生为核心，以地理教学目标为依据，以地理实践操作为重点，以地理能力提高为目的，以创设情境为亮点，以小组协作为载体。

地理问题教学法在探索中应关注的一些问题：首先，不仅要注重培养学生的创造性，同时也要重视学生对地理基本技能的提升和对基础知识的落实。我们要把培养学生的创造性与落实基础知识和提升基本技能协调一致，最终实现双赢。鉴于探究不断深入，教师一方面要增加学生学习的经验，另一方面，要促使学生不断地扩展自己的知识，让学生学得更轻松、更高效、更有活力。其次，要使教师的主导作用得到充分的体现。据学而教，并不是说让学生完全独立决定学习中的教与学，而是施教者应充分发挥主导作用，引导学生。比如，教师可在学生提出问题的基础上再通过提供地理背景素材、据题设疑、循序诱导、补充完善、协调辅导将学生的问题引向深入，激起学生认知上的交锋和探索的积极性，并在学生自主探究过程中给予适当的指导和帮助，更好地完成教学目标和任务，做到高效学习，实现真正的教学相长。

六、关于地理教学中"问题教学法"的问题设置方法

（一）故事法

美国教育家里可纳认为：世界上许多伟大教育家最喜欢用的教学手段是引用故事，因为教育人是由故事的吸引而非其强迫的力量做到的；每个人都会有因好故事而激起强烈情感感受的经历。通过讲故事来设置问题，能很大程度上激起学生的兴趣。[①] 地理教学过程中的故事可以是根据教师教学需要编创的故事，也可以是一些流传下来的经典故事等，但是无论是哪类故事，都应该与教师教学的内容相符合，具有实用性和针对性。例如，我们在讲热力环流的时候可以引用"火烧葫芦谷"的故事：公元 234 年春，诸葛亮与司马懿交战于长安以西渭水一带，诸葛亮在渭水以南发现有一谷，谷地处于两山之间，入口狭隘，地势低洼，形状就如葫芦一样，是伏击的绝佳地段，于是心中想好一条妙计，让大将魏延诱敌深入，在谷底中藏入大量的硫黄、干柴等易燃物质，并在谷地四周埋伏大量兵士。当司马懿兵入谷地的时候，蜀兵封其出口，引燃谷中干柴等，于是谷中大火肆虐，司马懿等人以为必死无疑，正在此时，乌云密布、狂风肆虐，浇灭了这场大火，从而挽救了他们。诸葛亮站在山头感慨道：谋事在人，成事在天！那么同学们思考为什么会出现这样的情况？你能解释这种现象吗？

（二）当前情境法

地理学科的现实性很强，有许多当前情境可联系。例如，结合"时间"教学，可联系当前情境设置这类问题：

此时正值 2023 年 3 月，而且现在已过了 3 月 21 日，那么太阳直射点是如何移动的呢？太阳高度角怎么变化？北半球的昼夜长短又是怎么变化呢？通过这些问题来激发学生的兴趣。

（三）乡土地理法

我省汶川县于 2008 年 5 月 12 日 14 时 28 分发生了强烈地震。学生感受到地震所带来的震动，纷纷跑出教室。可以提出很多问题，如"地震产生的原因是什么？""地震发生时，人为何先感觉到上下颠簸，随后才感觉是左右摇晃？""地震发生时我们应该怎么办？"

---

① 杨利华. 情景诱思，问题引领，促成教学达标——问题教学法在地理教学中的应用研究 [J]. 西南大学学报（社会科学版），2011（S1）：101-102，108.

（四）时事热点法

近年来，高考文综命题取材点重要来源之一基本上围绕的是国内外的重大时政和社会热点问题。在全国普通高中中，地理课标（实验）指出："引导学生关注全球问题以及我国改革开放和现代化建设中的重大地理问题，弘扬科学精神和人文精神，培养创新意识和实践能力，增强社会责任感，加强自然、人口、资源、环境、社会相互协调的可持续发展观念，这是时代赋予高中地理教育的使命。"结合时事热点，达到新课标改革与实施的要求，是"学习对生活有用的地理"的体现。联系时事热点设置问题，使其显得新鲜而富有吸引力，更易吸引学生的注意力。

（五）矫错法

在学生的认知结构中，存在许多错误的或是不完备的东西，需要纠正或是深化。例如，南亚有"南亚次大陆"之称，很多学生就会认为南亚是第二大大陆，因此叫作南亚次大陆。那么为什么被称为南亚次大陆呢？

（六）图示法

图在地理中的地位十分重要，利用各种类型的图（地图、统计图、示意图、漫画等）进行教学是地理教学最行之有效的方法。借助图设置问题方便易行，适用性强。例如，水循环都有哪些环节、类型？图中数字分别代表哪些环节？四川地区的水体参与了水循环的哪些环节、类型？举例说明哪些环节易受人类活动的影响？城市化对水循环有哪些影响？可能产生哪些问题？该如何解决？

（七）破谣法

地理上不同事物及其现象纷繁复杂，各者之间联系千丝万缕。由于人们对地理事物、现象及联系缺乏应有的认识，因此各地都存在一些与地理事物和现象有关的谣传。可列举一些时下流行的与科学理论相悖的说法为例，用科学理论去证实这些言论的漏洞等。

（八）布置作业练习题法

所谓的"问题"主要包括两个方面的，即考试中的封闭性问题和平时布置作业的练习题，因此布置作业练习题可列为问题设置方法之一，而且是我国教师最擅长的布置作业的方式。

（九）诗词法

如"黄梅时节家家雨，青草池塘处处蛙"是我国宋朝诗人所作，梅成熟是在什么季节？为什么在梅成熟的时候总是下雨呢？每年梅子成熟时都会下雨吗？为什么呢？如诗句"黄河之水天上来，奔流到海不复回"，为什么说黄河的水是从天上来的？奔流到海真的就不回来了吗？

七、地理问题教学法的操作流程

（一）自学思考，发现问题

这个环节中，教师提前把将学的地理内容用设疑的形式呈现给学生，方法前面已经提到9种，学生根据教师所提的问题，自主预习，认真思考，独立完成。学生基于解决所提的问题这一目的进行自学。更能调动学生思考的积极性，让学生直接在具体的学习内容中获得更多。在此预习的过程中，有些什么认识、发现和收获？又有多少疑惑、难题和不解，要一边思考，一边发现问题，当发现问题时要勤于动笔动脑，要把出现的疑惑记录下来，以便在今后的学习中与老师或同学展开交流和讨论。

本环节成效的关键在于教师问题的设计是否能激发出学生对于地理教材、地理文本知识的兴趣和学习的渴望，以及学生在自学过程中能否提出有价值的地理问题。问题的提出既要体现本节的核心问题，又能促使学生根据问题的设置而自主地完成本课时的学习内容。所以，这个环节中的问题设置对地理施教者来说，是最能体现其功底的。一要根据地理课标及教学目标，精心设计，突出教材的重点难点、拓展延伸、情感升华等方面，问题要清楚、简洁、针对性强且富有启发性，由易到难，环环相扣。既要对已学知识进行回顾，又要注重新知识的生成，着重注意新旧知识的融会及衔接点以及与自然、人文与区域的联系。二要同全国近几年的高考题型相符合。

例如，在探究中国地理"中国的民族"时，老师以如下方式进入新课也可：播放《爱我中华》歌曲中的一些片段，随后提问"歌词中唱的有多少个民族"？学生答"56个"，教师进而引出其他问题：那这56个民族的人口各占多少比例？他们又是怎么分布的？都有什么分布特点？除了汉族人最多外，还有哪些少数民族人比较多？哪些比较少？

例如，在学习"河流堆积地貌"时，可展现不同堆积地貌景观图，归纳堆积地貌的形成共性条件和差异条件。①共性：堆积物，速减缓；②差异：沉积位置不同、流速减缓的原因不同、沉积物颗粒不同、堆积地貌的形态不同等。可类比迁移"风力堆积地貌"——沙丘：沙丘的形成条件？沙从哪儿来？哪些因素可能导致风力变化？沙粒堆积需要什么样的环境？哪些地方可能出现规模不等的沙丘？

例如在学习"三角洲地貌"时，可有一些多维度的思考。是不是所有的河口都会形成三角洲呢？刚果河、亚马孙河为何没形成三角洲呢？塞内加尔河三角洲为何要向南延伸呢？塔里木河注入罗布泊形成的三角洲位置为何先前移后后退呢？三角洲位置特殊，既可以受到河流的堆积（或侵蚀）作用，还可以受到海水的堆积（或侵蚀）作用。近年来黄河三角洲面积是如何变化的呢？为什么有这种变化呢？这种变化对河床剖面形态、河口附近水深有何影响呢？

通过对以上问题的思考，可以分析外力地貌形成静态、动态的过程，构建科学的人地观。

（二）合作讨论，解决问题

合作讨论、解决问题是问题教学法的主要环节和关键步骤。该环节以小组合作为基础，学生在阅读或熟悉教材后通过合作交流，将地理教材内容或相关知识转化成一个个问题以及讨论中形成新问题进行解决。在交流过程中，通过合作，既让每位学生拥有发言的机会，又让其更好地明白如何倾听。这种学习交流、合作既克服了学生以自我为中心的不良的心理品质，又在很大程度上让学生走出自卑、胆怯，获得自信和勇气。

这个过程不仅加强了学生们的合作意识，更加凝聚了学生之间的团队精神，也能使学生的地理语言技能及区域问题分析能力得到提高、潜在能力和创造力得到充分发挥。

人所共知，"以兴趣为先导更易走向成功"，学生学习兴趣的最大动力来源于对新事物的好奇探索，以及在知识推测中思维火花碰撞时产生的悬疑、层层深入的推理和柳暗花明的顿悟等直接的成功体验，所以，其中最主要的问题应由学生去研讨和解决，老师应就相对复杂的问题进行逐步引导，层层深入，启发学生去探索。

小组学习合作交流时，作为主导者的地理教师担任的角色应是学生学习中的参与者、引导者和鼓励者。教师要根据学生在学习过程中不断发现、了解学情、收集学生所遇到的问题并进行归类，也可记录学生在小组中意见不同的地方、基础薄弱学生的问题。

（三）课堂展示，交流问题

学生应以同伴在自主学习、合作交流后解决问题展示成果的基础上及时补充。展示自己学会了哪些内容，还有什么问题等。在展示过程中，如果有分歧产生，可以随堂进行补充完善、辩论总结，要针对不同点提出个人见解，然后准确地表述出来，其中的补充、辩论，必须有根有据，源于课堂，走向发展。学生的课堂分析能力和系统的思维在这种补充中既获得了提升也得到了修正完善，还活跃了课堂氛围，一举三得。

（四）点拨诱导，深化问题

这一环节是和课堂展示同时进行和完成的，教师在学生学习有困难的时候组织交流探究，在学生思维受阻时及时点拨，但是这种点拨不是告知。教师只针对学生在学习过程中遇到的不能自己独立解决的问题进行辅导。

学生回答完问题后，要让学生自己评判自己的回答是否正确无误，若有，则指出是何错误且其位置在哪儿；若无，则是否还有其他的、最佳的方法。教师要让学生主动地思考问题和找出方法，不能轻易地自己将其提出。这样才能充分调动学生学习的积极性。其实找问题、找方法的过程就是学生理解运用知识的过程。

这一环节是展示和引导学生发现和解决问题的过程。对于互动过程中学生出现的思维障碍、认识不足，教师适时予以指导、启发、完善，引导学生寻求方法，找出规律，让学生掌握自然界的规律，从感性认识上升到理性认识，指导学生提前预习知识点，注意在运用的时候可能犯的错误。这样既辅助后进学生将问题解决了，又促进了优秀学生的发展。

例如，展示气压带、风带形成示意图，学生问：在高低气压带之间有水平气压梯度力存在，于是全球近地面形成六个风带，怎样才能准确地知道风向呢？

教师提示：气流都是由高压流向低压，并且受到地转偏向力的影响，在北半球气流向右边偏转，南半球则向左边偏转。

（五）强化训练，巩固问题

让学生以本堂课所学的知识为基础，编拟练习题进行当堂训练和能力迁移练习，最后，予以反思、总结。在题型设计时，要求有层次、有目的性地练习，要求学生全体参与基础性的题，题型设计要求丰富多样，以基础为点，并在基础内容上适当扩展、迁移和补充。

例如展示气候、洋流图，设问全球都有哪些基本气候类型？它们是怎么分布的？哪些位置的气候分布受到洋流的影响而呈差异性分布？

（六）拓展升华，迁移问题

拓展升华是教师在学生回答的基础上用精练简洁的语言，对所讲的知识加以归纳总结、延伸概念、得出规律，活跃学生的思维，为后续教学打下基础和进行服务。就地理学科而言，将强化训练与拓展升华结合起来，目的是为了保持学生的积极性，同时还可以引发学生的求知欲望。

第四节　反馈教学法在高中地理中的应用

一、引言

"feedback"英译为"反馈"，是控制论中根基词语，从字面上可以看出反馈强调的是对事物计划实施后结果的验证，并在事物计划进行过程中扮演导向和限制的角色。反馈教学法的提出者刘显国先生表态说：反馈教学法是运用系统论、信息论、控制论"三论"原理建立的一种教法。它主要特点是，教师从学习结果中查找学生的漏缺，让学生在调整后的学习计划中不断完善知识，让多数的学生能在教学和评价中掌握所教内容。显而易见，当反馈教学法被运用后，教学设计往往用反馈结果进行验证并以它为基础对教学过程进行评价。

二、地理反馈教学法含义

地理课堂反馈教学法是以教师和学生之间的相互反馈为基础，使施教者与学习者积极主动参与教学过程的一种教学方法。

此过程中，"反馈"在各个环节中具有重要的作用，强调师生"反馈"的过程，使师生间"反馈"的作用通过"反馈课"将其进一步强化并得到充分体现，使教学更优化。

反馈教学法的实施须以学习者在地理新课之前掌握的知识为前提条件，因此可知该方法是需要特定学科知识特点的支持而不是普遍适合各科的一种教学方法。

三、地理课堂之反馈方教学法的理论依据

以有意义学习理论、建构主义理论和系统论为基础。地理课堂反馈方教学法分为学前反馈、教学设计、学中反馈以及学后反馈四个阶段。

（一）有意义的学习理论

美国认知教育心理学家奥苏贝尔的《教育心理学》中最杰出的理论是"有意义学习"。他指出，有意义学习（Meaning Learning）就是"学习知识过程中，符号所代表的新知识与

学习者认识结构中已有的适当观念建立实质性和非人为的联系的过程"。① 因此，只有将所学新知识和已掌握的认知结果之间建立实质性的内在联系而不仅只是表面上的联系，才能真正理解和掌握事物本身的性质、规律以及两者之间的关系。

学习本身的意义在于建立在这种实质性的联系之上，据此，美国认知教育心理学家奥苏贝尔认为有意义学习的三个先决条件："学习者须具备有意义学习的心向"，即表现出一种新学的内容与自己已有的知识之间建立联系的倾向。"学习者认知结构中必须具有适当的知识，以便与新知识进行联系"。"学习者必须积极主动地使这种具有潜在意义的新知识与其认知结构有关的旧知识发生相互作用"。②

（二）建构主义学习理论

建构主义理论颇为复杂，涉及各方面知识，尤其在教育心理学领域更为突出。建构主义理论不断丰富并以瑞士的皮亚杰为蓝图，后通过斯滕伯格、卡茨、维果茨基等心理学家的研究形成了观点各异的支派。从不同观点的派别中可以看出其共有的观点：教学是以学生为中心的；理解知识是被建构的；学习的一部分是社会协商和分担责任。

反馈教学法中学生的积极性尤为重要，"学前反馈"可以帮助教师掌握学生对知识的理解程度，教师能够以此为依据开展后续的教学。在"学中反馈"中，所学地理事物的性质、规律以及相互间的内在联系通过师生之间的相互反馈，对其逐步进行意义建构。同时，以小组反馈为主要反馈形式，学生要在组内相互进行自我反馈，使小组观点通过相互间分担责任，交流意见，分享观点，共同针对新旧知识进行讨论和争辩后形成。

可以看出建构主义理论的核心思想在地理之反馈教学法的各个环节中得以充分体现。

（三）系统论的基本理论

系统论思想的核心思想是整体性，除此之外关联性、等级结构性、动态平衡性、时序性是所有系统的共同的基本特征。在 1952 年时"抗体系统论"一文中的系统论思想由美籍奥地利人、理论生物学家贝塔朗菲着重强调，任何系统它都是一个有机整体，整体功能大于部分功能之和，系统的各个要素形成相互独立且相互联系、相互制约的影响。

地理教学在反馈型地理课堂教学方法的实行流程中是一个整体，教学过程中，要使系统中的每个要素的功能得到最大的发挥，才能得到最好的教学效果。不但重视每个要素在整个系统中的功能，更加强调要素与要素之间的相互关系。

---

① 陈丽. 科学斟酌"点" 高效收获"面"——轻负高质课例"定义与命题"评析 [J]. 中学数学月刊，2020（3）：2.

② 王晨. 开放、自主促成学生有意义学习 [J]. 新课程导学：上旬刊，2015（8）：1.

四、实行反馈型地理课堂教学方法的条件和过程

（一）反馈型地理课堂教学方法的实行条件

1. "教师"的界定

第一，反馈型地理课堂教学方法的重点就是教师应该具有一种乐于分享的态度，这也是重新定位教师角色的最基本的要求。

第二，随着知识体系随时代而不断更新，教师应该是个学习者。又由于地理知识是随时代不断更新变化的，所以地理教师自身的知识框架也应该不断地得到丰富，与时俱进，这样一来，教师才可以很好地与学生进行交流，提升学生的地理学习水平。

2. "学生"的界定

第一，学生的坏习惯需要在学习的过程中被逐渐消磨掉。教师对知识的详尽讲授，从某种程度上讲，有利于学生对知识的理解。但是这样也会使学生丧失主动求知的能力，变得越来越依赖老师。学习就变成了一种机械的行为，严重影响学生提升自身理解知识的能力。教学的预期目标也就难以实现。

第二，课后，学生要善于搜集和交流各方面信息，学科之间的相互关系应该受到重视。21世纪背景下，信息的获取可以通过许多的方式，我们的眼界也伴随着各种信息渠道而不断得到拓展。地理知识和生活密切相关，比如难忘的2008年，奥运圣火传递、罕见的雪灾、惨痛的地震、粮食价格波动、能源紧张等，一系列时政事件和地理知识有着极大相关性，多种渠道获取信息能够有效帮助学生探究其中的奥秘。在教师的指引下，学生做到多方面关注事物的出现和进展，进而在课堂上开展讨论，让反馈不仅成为可能，而且会变得更加有效。

3. 教学内容生活化

在反馈型地理教学的方法中，来自学生对问题的反馈是教学的主要依据，要得到有效的反馈，教学内容就应该贴近实际生活，然而学生所具有的知识的结构零散，不成系统，对很多概念会觉得难以理解。因此，与实际生活相关性较大的教学内容对教学效果的提升有很大帮助。

比如，平日大家生活当中经常通过动物的行为来辨别天气：早晨听到鸟叫声便意味着会出现晴朗的天气，并且天气愈好，小鸟叫得愈厉害；云雀叫声变大意味着天气会转晴，如果听见远方的云雀欢快的鸣叫，就意味着会出现较为干燥的好天气；青蛙鸣叫、燕子低飞等是下雨之前兆。

（二）反馈型地理课堂教学方法的实施过程

1. 学前反馈，联系新旧知识

研究表明，新知识的生成要以旧知识为基础。所以，教师在课堂上一般都会让学生回顾上几节课学习过的地理知识，这已经成为大多数教学方法中必需的步骤。在传统地理课堂教学过程中，教师大多都是在上课前几分钟向学生提问来回顾前面的旧知识，这样不仅时间短，而且学生又是处在精神高度紧张的状态下，只可能有极少数学生能够回忆出来。所以传统的教学方法不可能达到促进学生构建起新旧知识之间联系的目的。但是在反馈式教学方法中，课前用 40 分钟时间由老师对学生进行提问，掌握学生对知识的理解程度。这是与其他教学方式最大的区别。这也是反馈式教学方法最为突出的一部分。

如人教版（地理·必修 1）中关于洋流的部分安排两个课时，那么在这部分知识学完后，下次上课时就可以利用一节课的时间来作为学前反馈课，可以以提问加播放幻灯片的方法来帮助学生回忆上次课学习的内容。在第一节课，已经讲解了世界海洋表层洋流的分布，学生已经对世界洋流分布图有了比较直观的影像（印象），大致的洋流分布有了基本的认识，此时，教师就可以提出问题，哥伦布发现新大陆这一事件是众所周知的，但是人们不知道的是他发现美洲新大陆的过程，却不是一帆风顺的，他也走过许多弯路。他当初从欧洲启程，从北边行进到了美洲地区，行程总共花了 37 天的时间；第二次再从欧洲起航，这次从南边航行到了美洲，此次航行时间缩短为 20 天的时间。同学们想一想：为什么两次航行相差 17 天的时间？这些问题就可以为第二次课"洋流对地理环境的影响"做学前反馈，地理教师通过同学们的回答设计下次课的教学内容。

2. 根据反馈，适当调整教学

地理新课标指出，要正确地运用中学地理教材，必须避免照本宣科的机械化教授知识过程。相反，将学生对知识的反馈作为基础来展开的教学过程更加富有效果。21 世纪以来，社会发展的速度不断加快，信息不断"爆炸"，这就与中学课堂有限的教学时间存在着很大的矛盾。知识接连不断地更新换代会带来学校课堂教学策略的改革，传统按部就班的教学要加入更多的灵活性的因素。如果学生对某些知识存在理解上的错误，教师应该及时将其改正；如果某些知识是学生想知道但教材上没有的，教师可适当补充；如果某些知识是学生已经掌握的，教师可以适当减少该部分内容。

如在教授地球在宇宙中的位置时，一部分学生平时通过新闻、电影等了解得比较多，这部分就可以略讲，把时间主要用在讲解学生误知和想知的部分。比如，通过反馈得知学生对地球上存在生命的原因很感兴趣，对于北极圈内摩尔曼斯克港冬季是否封冻存在认识误区，那么作为老师，就可以把这些知识进行详细的讲解，这样既可以使学生获得对知识更正确、更全面的理解，又能圆满完成教学，同时还可以调动学生的积极性，提高学习效率。

3. 有效反馈，习得知识

反馈这一过程发生在老师和学生的交流探讨过程中，学生在该过程中会加深对知识的理解记忆。在课堂上，学生并非纯被动地接受教师所传授的知识，而是应当积极地在老师的引导下积极思考问题。学生在学习的过程中，新、旧知识之间或多或少会出现矛盾，这时教师不应该强制学生无条件接受自己的观点结论，而是应该让学生表明自己的疑惑之处。此时，教师应该给学生预留广阔的思维空间，让学生找出自己的疑惑之处，除此之外，预留充足的反馈的时间，使学生的疑问能够得到一一表达。

如在讲授洋流对气候的影响时，给出澳大利亚气候类型图，并指出澳大利亚西海岸为热带沙漠气候，这时学生可能就会想：澳大利亚西海岸为什么是沙漠气候而不是湿润性气候呢？这个时候教师就可以鼓励学生表达自己的疑惑之处，然后教师一一解答学生的疑点。

4. 重视延时反馈，强化学生知识迁移的能力

教学过程的完结并非意味着知识学习过程的完结。《地理教育国际宪章》中指出，深信地理教育为近日和未来世界培养活跃而又负责任的公民所必需。地理教学的重要目的意味着地理教育并非单纯教授地理学科知识，更深一层的意义在于让学生意识到整个社会越来越重视地理素养，并且促使学生可以运用已有的地理知识和技能来解决当前社会上的一些热点问题。所以，对于知识的迁移能力必须作为课后反馈的重点内容来看待。具体要做好下面四个方面的工作：首先，加强学生课后图表和文字材料分析能力的训练，强化新知识；其次，加强学生信息搜集能力的训练，学会将所学知识加以拓展；再次，让学生学会分析实事材料，学会把知识的迁移和时代相连；最后，根据所学知识，分组出题交流。

比如，在学习洋流对气候的影响后，给出世界气候类型图，让学生思考纳米比亚沙漠、阿塔卡马沙漠气候形成的原因，以及巴西东南部和马达加斯加岛东部的热带雨林气候的成因。因为这些气候类型形成的原因和刚才上课所学的澳大利亚东西海岸气候类型形成的原因很相似，这样教学有利于培养学生知识迁移的能力。

（三）反馈型地理教学易陷入的误区

在新课改的过程中，老师希望通过尝试使用新的方法来提高自己的教学能力。然而，因为传统教学模式以及教师自身习惯的原因，新的教学模式在付诸实践的过程中往往会遇

到很多"误区"。"误区"的存在会严重地阻碍新的教学模式应该取得的效果。

1. 反馈过程中教师"放"得不够

释放主动权是反馈型教学模式实施过程中的关键所在，"对长期作为课堂控制者的教师来说，突然将主体地位让给学生并不是很容易适应的过程"，因此，在教学模式实施过程中"放"得不够是比较容易出现的现象。

2. 反馈过程评价不及时

学生的反馈过程中会出现许多意想不到的表述，也许他们会很完整、很专业地表述一些地理事件，也许他们所举的实例中或多或少地会出现一些表述不清或有科学性错误的现象。面对这样的情况，教师要及时给出评价性反馈，让学生对自己的表述有所认识，提高反馈的积极性。

3. 直接进行本教学模式的实施

开放式的反馈平台是反馈型教学模式中的关键，但对长期使用讲述法进行授课的地理课堂来说，"反馈"二字对于教师和学生都有一定的困难。教师从"主讲"到"主导"，学生从"听众"到"主体"，师生角色的转变伴随着一个过渡的过程。教师从教学思想上有所改变，在平时的课堂中适量增加学生的反馈时间和反馈内容，调动学生参与的积极性，让学生渐渐习惯于表述自己的想法。有了一定的反馈基础后，开放式的反馈平台才不会让学生感觉到突兀，不知从何入手。

五、评价反馈型地理课堂教学方法

（一）充分调动课堂参与性

地理教学高度关注的问题之一就是学生是否有效地参与了整个教学过程。我们不难从调查结果中得知，在传统的地理教学模式中，教师上课主要采用讲授法，对学生的要求就是认真听讲。这种教学模式一来不利于学生精力的集中，二来学生需要很多时间来进行课后的消化。最后会抹杀学生对地理课堂的兴趣，降低学生的积极性和主动性。

（二）强化表达和维护自己地理观点的能力

地理表达能力着重在专业术语的使用方面。图表数据是支撑自己结论的重要证据。所以从学生的语言表达过程中，教师就能够掌握学生地理专业术语运用的情况，并且凭借反馈评价，有目的地提高学生对专业术语的使用能力。而且学生在与其他同学反馈交流中，一方面有必要学会表达自己的地理观点，另一方面，要能够拿出数据和事实来支撑自己得出的结论，敢于向不同的声音提出合理的质疑。在此过程中学生与学生之间的交流反馈，老师与学生之间的追问反馈显得尤为重要，这有利于提高学生的地理表达能力，培养学生综合思考问题的能力。

（三）提高学生获取、分析、整理信息的能力

信息"爆炸"以及获取信息途径的多样化是当今时代的重要特点。复杂的信息需要学生具有对信息进行甄别和筛选的能力。学生要学会收集有用的信息，并分析整理，所以地理教学的一个重要目标就是培养学生对地理信息的加工整理能力。

（四）提高地理知识迁移能力

地理新课标提出了要学习"生活中的地理"与"地理生活化"，这就意味着地理教学要多联系实际生活，从生活看地理。课前反馈使学生从实际生活中探寻地理知识，就只是成为新知识的基础；课后作业反馈将理论应用于实践，学生要学会将所学知识应用到实际案例中，以此来提升自己的知识迁移水平。

第五章 高中地理教学中教学媒体的应用

第一节 地理教学媒体概述

教学媒体是储存和传递教学信息的各种工具。地理教学媒体除了与其他学科相同的教学媒体之外，还有地理学科所特有的媒体，如地理模型、地球仪、地图、标本等。多媒体在地理教学中有着更为有效的运用，尤其是对宏观的、远离学生生活的景观和现象以及诸多地理过程，多媒体的表达和演绎十分有利于学生理解和拓宽视野。

图像、模型是地理教学的特色媒体。各种地理教学媒体在不同教学内容中的作用有差别。本节简述地理课程教学媒体的主要类型、特点以及几种常用的地理教学媒体。

一、地理教学媒体的含义与类型

（一）地理教学媒体的含义

媒体，又称媒介，是储存信息和传递信息的工具。它含有两层意义：一是指信息的载体，如文字、声音均代表一定的信息，它们均是传递信息的载体；二是指基于储存信息的实体，如投影机、幻灯片、录像带、视盘等。

教学媒体就是储存和传递教学信息的工具。教学媒体有广义和狭义之分。广义的教学媒体是指储存和传递教学信息的各种载体，包括教科书、黑板、实物、标本、模型、仪器、实习、实验、参观、幻灯、投影、电视、电影、电脑，以及教师的语言、表情、动作姿态等。狭义的教学媒体仅指人以外的储存和传递信息的各种物质载体。

（二）地理教学媒体的类型

地理教学媒体就是储存和传递地理教学信息的工具。由于地理科学研究对象的复杂性、广阔性、漫长性以及认识上的间接性，许多地理事物很难或根本不可能为学生直接观察或亲自感受到。因此，在地理教学活动中，教师要组织起有效的教学，必须以地理课程和地理教学方法作为中介，依赖合适的地理教学媒体，才能完成地理教学任务。

地理教学媒体有各种分类。以使用的信息符号来分类，可以将地理教学媒体分为两类：一类是言语符号媒体，包括印刷、口语等媒体；另一类是非言语符号媒体。非言语符号媒体又可分为两类：一类是形状符号媒体，包括图画、图表、地图等，是一种实物的抽象符号媒体；另一类是模拟符号媒体，指音乐或动作符号媒体，如电视、电影等。目前，常见的分类方法是按照地理教学媒体的性质和特点分为两大类：一类是传统地理教学媒体，又称为地理常规教具或地理直观教具；另一类是现代地理教学媒体，又称地理电化教学媒体。这两类教学媒体相辅相成，相互配合，形成地理教学媒体体系。

二、地理教学媒体的特点

（一）固定性

它能把各种地理信息，包括地理数据、地理现象和地理过程的真实场面等记录并储存起来。

（二）扩散性

通过教学媒体，各种地理信息可以得到传播。如在某一地区的地理现象可以被传播到中国或世界各地。

（三）重复性

即被教学媒体储存或记录下来的地理信息可以被人们反复使用。

（四）组合性

即根据需要将各种教学媒体及其信息创新组合使用，从而说明某一地理问题或上好一节地理课。

（五）工具性

教学媒体在地理教学中对提高教学效果、减轻教师负担起着重要的作用，但它不可能代替教师的劳动。

三、几种常用的教学媒体

（一）地理模型

地理模型主要有地理事象模型和区域地理模型，是地理教学中的立体教具。地理模型以实物为原型，经过加工模拟做成仿制品，主要有地形模型，如等高线模型、各种典型的地貌模型、区域地形模型、地壳构造模型及褶皱和断层模型等。地理模型的直观性很强，可以通过视觉、触觉感知地理模型所传递的地理信息，对学生形成某些地理表象的感性认识作用很大。

（二）地球仪

地球仪是地理教学中最常用的教具，其功能独特，兼有立体地图、演示仪器和地理模型三大功能。地球仪是地球的模型，也是学习地理最早接触的立体教具。

（三）地图

运用地图进行教学是地理教学不同于其他学科教学的显著特点之一。地图被称为地理课的第二语言，可以说没有地图就无法进行地理教学。

教学地图按载体分，有课本地图、地图册以及教学挂图和黑板略图。在传统的地理教学中，教学挂图是使用频率最高的地图图像媒体。教学挂图除了正式出版的、与教材配套的挂图之外，许多挂图由地理教师根据教学需要而绘制。各种地理教学挂图对地理教学起到十分重要的作用。

（四）地理图片

画报、明信片、照片等地理景观图片是传统地理教学中补充教材图片不足、增加学生感性认识、激发学生学习地理兴趣的资料。如地理教师从画报杂志、挂历中选取合适的图片，或者从自己拍摄的照片中选取适合的照片作为教学素材。

（五）多媒体数字资源

网络、光盘等载体展示的音像资料、图片、动画、模拟演示等属于多媒体数字资源。在互联网普及的时代，在多媒体教学设备配备良好的学校，多媒体数字资源在地理教学中被广泛运用，在很大程度上取代了传统地理教学的挂图、景观图片，甚至能很好地演示地理过程等。

第二节 高中地理多媒体课程的教学设计

多媒体技术课程作为计算机应用基础教学中的重要组成部分，受到了各校教师的高度重视，尤其是对文科专业在多媒体技术的教学上学校更是加大了投入。针对文科学生自身的特点，在课程的安排上更注重于多媒体技术的应用方面，而不宜过多地讲解枯燥乏味的理论基础或是深奥难理解的技术原理。为了能让学生更好地掌握多媒体技术的应用，提高学生的动手能力，多媒体课程教学中的设计自然是必不可少的。

一、多媒体课程教学

（一）多媒体课程的特点

如何能够设计出好的多媒体案例，更好地完成多媒体课程的教学，首先必须对多媒体技术课程本身的特点了然于胸。媒体可以理解为是传递信息的载体，其形式具有多样性，如文字、声音、图像、动画、视频等都是媒体的表现形式。正是由于媒体形式的多样性，处理这些信息的多媒体技术必然也具备多样化的特点。因而，多媒体技术课程的特点可归结为涉及的课程范围广泛、内容极其丰富多彩、知识点繁多、信息量大等，这便给老师的课程设计带来了极大的挑战。

（二）多媒体课程教学中的改进

1. 多媒体课程教学存在的问题

多媒体课程是一门涉及面非常广的课程，要学习的知识点也非常多，然而学校的课时安排却是有限的，两者之间自然而然形成了不可避免的矛盾。如何合理有效地解决二者之间的矛盾是当前多媒体教学中的问题之一。

另外，多媒体课程一般包含图像处理、动画制作、音视频的处理等方面的内容，这些内容图文并茂、有声有色、动静结合，传统的多媒体教学方式无法让学生及时吸收并灵活运用。其原因在于，传统的多媒体教学局限于教师在讲台的演示，教师过分依赖多媒体课件，学生仅仅停留于听、看，较少动手进行实践，容易眼高手低。

2.多媒体课程从教室到机房的改进

针对目前多媒体教学中存在的上述问题，我校将多媒体课程从教室改到了机房，在上课的过程中学生能够边听边练习。这样，学生即可在课上及时动手实践，更直观地感受多媒体软件的魅力。

不仅如此，学生在自己操作的过程中更容易发现问题，老师也能够及时地为学生提供解决的措施，不至于出现问题的拖延甚至是不了了之的现象，学生的学习积极性和动力也会因此有所提高。

从教室到机房的改进还仅仅是多媒体课程教学中的硬件设施的改进，教学过程中的软件措施也是至关重要的，多媒体应用注重学生的动手能力，因而教学中多采用案例教学法。

二、多媒体课程教学中案例的设计

（一）案例教学法的特点

案例教学法起源于 20 世纪 20 年代，由美国哈佛商学院所倡导，到了 20 世纪 80 年代，才受到师资培育的重视，而国内教育界开始探究案例教学法，则是 20 世纪 90 年代以后的事。

案例教学法具备如下特点：明确的目的性；客观、真实性；较强的综合性；深刻的启发性；突出实践性；学生主体性；过程动态性；结果多元化。正是由于案例教学法的这些特点，才使得案例教学法在多媒体教学中得以广泛应用。

（二）案例设计应遵循的原则

在案例教学法中，最重要的自然是案例的设计，案例的选择与设计直接影响着案例教学法的成效。为了能够更高效地实施案例教学，案例的设计应该遵循如下几点原则：

1.案例要吸引学生

案例设计能否吸引学生直接影响到课堂的氛围以及学生的学习效果。处在信息时代的大环境下，外界对学生的干扰大大增加，学生的注意力本就不易集中，如果上课的内容过于平淡乏味、设计的案例无法吸引学生，必然会影响学生上课的积极性。因而，设计能够吸引学生的案例，提高学生的学习兴趣是教师首要考虑的因素。

2.案例难易程度应适中

教学过程中设计的案例并非越难越好，案例过于简单或是过于困难其效果都会适得其反。案例若是过于复杂困难，学生一时半会儿做不出结果，很难获得成就感，时间久了学生反而会产生厌烦的心理；若是过于简单，学生会觉得没有挑战性，失去学习的激情和动力。因而，设计的案例难度应该适中，才能更好地发挥案例的作用。

3. 案例应能全面地反映知识点

在设计案例的过程中，若能够注意知识点的前后贯通，学生既可以复习前面所学，又能够学习新的内容，效果自然会更好。例如，在讲动画制作的过程中，用到的图片素材可以先用图像处理工具进行处理，再用于动画中，必然更加绘声绘色。

4. 能够结合计算机等级考试的考点

多媒体应用课程中涉及的相关软件多数都是计算机等级考试中的考点，学生对于计算机等级证书也是有一定的需求的。因此，在设计案例时可适当考虑加入等级考试的考点进行讲解，教学效果也会有所提高。

近几年的多媒体课程设计教学中，对多媒体课程中所用的案例进行了相关研究探索，在实践中不断地改善、提高、优化，也取得了一定的教学成效，学生作品设计的能力也在不断地提升。另外，考核的方式也不仅限于考试，采用多种手段、多种形式的考核也使得成绩更加公平、更容易让学生接受。

三、地理多媒体教学的优势

孔子说过："知之者不如好之者，好之者不如乐之者。"这说明兴趣在学生学习中的重要作用，因此我们应从培养和激发学生的学习兴趣入手。在地理教学过程中成功地运用电教媒体，对学生的感官从光、像、影、色、动等多个角度来刺激，就可以增强直观性，引起学生的学习兴趣，集中学生的注意力，从而使学生在潜移默化中掌握知识。

教师可以在实践中做一些有益的尝试，比如：①仿真火山。灯光显示岩浆喷发，山头浓烟滚滚，火山的结构和喷发过程，学生一目了然。②模拟垂直自然带。以仿真植物模拟植物由山底热带植物→山顶苔原、冰原的整过程。③中国立体地形模型。以光管显示水流、音响模拟波涛及配乐解说，彩色立体，形态逼真。

传授知识的目的，不仅是简单地让学生掌握知识，更注重的是开发学生的智力潜能，培养学生分析问题和解决问题的能力。而运用电教媒体对学生进行启发式教学，在培养学生能力方面确实有很大帮助。例如，在"地球的自转运动和昼夜更替现象"教学时，运用多媒体进行教学，在放幻灯片前设问："地球是怎样自转的？以什么方向运动？会产生什么现象？"放映时学生就会有目的地注意观察地球在宇宙中的自转运动特点，清晰的画面让学生感觉好似自己在宇宙中看地球自转。这样就比较容易地发现地球本身是个不发光的球体，受太阳照射的一面形成白天，背太阳一面形成黑夜。地球不停地绕地轴由西向东地自转，昼夜不停地更替，自转一圈，昼夜更替一次，所需时间是一个太阳日（24 小时）。

接着再运用 Flash 动画演示平行光束照射到地球上，地球上受光的一面是白天，背光的一面是黑夜。地球绕轴由西向东自转，并及时设问："地球上会产生什么现象？如果地球不自转，会产生什么现象？同学们每天看到的太阳总是东升西落，这是为什么？"边设问边运用教具，动静结合创设启发学生观察、思考的教学情境，引导学生结合观看录像中的地球在宇宙中运动的宇宙环境，认识地球自转和昼夜更替的产生和变化规律。能够联系实际解释太阳东升西落是由于地球自转造成的，因而东边总比西边先看到日出，地球上东西方向上有时间差异，从而就为地球自转的第二个地理意义——地方时的差异做了铺垫。

利用多媒体进行地理教学，不仅课堂气氛非常活跃，学生表现出极大的学习兴趣和应有的学习能力，个别同学还出人意料地发挥，较好地实现了"以学生为主体"的设计意图，培养了学生自觉观察的兴趣、习惯，进一步调节和强化了学生头脑中真实的、立体的、渐变的现象，从而使学生学会了在操作中领悟事物的演变过程，理解昼夜更替现象及其产生的原理。

综上所述，我们可以肯定多媒体的运用为教师提供了一位可以信赖的帮手。如果说新课程背景下地理教学是一朵刚刚绽放的花蕾，那么多媒体教学就是一片锦上添花的绿叶，两者相得益彰、互为一体，给学生创设了愉悦、有趣的情境，从而提高地理的教学质量。但这个成效并非一蹴而就，在正确认识多媒体技术在地理教学中的位置的同时，我们只有坚持"实践—认识—再实践—再认识"的螺旋式上升的认识过程，才能高效地完成教学。

四、地理多媒体课程资源开发对策

（一）提高教师整体素质，为课程资源开发提供人才保障

随着信息技术在教学中的应用越来越广泛，中学地理教师要紧跟科学技术发展的脚步，学习和掌握多媒体教育技术，从而提高自身的教学本领，更好地适应现代化教育的要求。

教师在上课之前要做好备课工作，要对地理教材进行深入钻研，思考互联网上哪些资料跟这节课的教学内容相关，怎样才能更好地把多媒体的课程资源跟教材中要掌握的内容结合起来，要达到什么样的教学目标，要想尽一切办法调动学生的地理学习积极性，让学生拥有基本的地理知识，帮助学生掌握地理学习中的重点和难点。通过对媒体课程资源的开发，对基础知识进行梳理，构建相应的知识网络，准确地把握地理概念和原理以及地理规律，在脑海中形成清晰的认识，提高教学成效。

教师要注意合作与交流，要注重资源的共享。开发多媒体课程资源可以实现学校和教师间的共享，也能实现教师与学生之间的共享，能够完善课程资源开发，使得多媒体课

程资源发挥最大的作用。此外，教师还要注意地理多媒体课程资源的更新，这样开发的课程资源才会跟得上时代的发展。

教师要学会对互联网上的一些地理课程资源进行筛选，多关注类似中国基础教育网地理频道等网站，把筛选出来的网站在教学中运用，能够起到事半功倍的效果。

（二）创新地理教学模式，丰富多媒体课程资源开发途径

1. 变抽象为具体，激发学习兴趣

就中学地理知识而言，形式多种多样，有图形、文字、图表等。在高中地理学习中开发多媒体课程资源，可以把不同形式、不同地区的地理景观以及相应的知识进行全面的整合，这样就能更好地进行地理知识学习。不管是教学内容还是教学形式，都是传统地理教学所无法达到的。开发多媒体课程资源，可以把抽象的事物具体化，把枯燥的理论生动化，进一步激发学生进行地理学习的兴趣，加深学生对现象原理以及规律的形成过程等方面的理解。

比如，在学习大气环流知识的时候，可以制作富有动感的气旋幻灯片，这样学生的兴趣就被激发出来，不至于觉得枯燥无味。还有在水循环知识学习的时候，可以创设动态画面演示，把静态的水循环的每一个环节都做成动态画面，加深学生印象。以"地球运动"为例，可以利用 Flash 动画，教师讲到哪个知识点，就把地球运动到哪一个位置，活跃课堂气氛，激发学习兴趣。

2. 突破难点，学习知识

在地理教学过程中，类似自然地理中的地球与地图、地球的大气等都是教学中的难点，学生在学习的时候存在理解上的难度，但是这些知识又是高中学生必须掌握的。像经线和纬线的几何意义，等高线的剖面图、原理等，都可以制作成课件，也可以在网络上找一些经典的模拟课件下载下来，展示给学生，让学生通过观察这些直观、逼真的课件来强化学习效果。

比如，在学习日出日落、极昼极夜、光照图等问题的时候，利用多媒体制作成课件，进行动态展示，能收到意外的教学效果。在讲解太阳的周日视运动的时候，可以在学生比较常见的视运动图上设立一个太阳，通过相应的动画设计来让太阳经过两级、回归线、赤道之间的地区，还有一天极昼、多天极昼地区，观察太阳周日视运动，这些重点、难点就能得到很好的突破。再比如，由于地球自转导致水平物体的偏移，在地球公转过程中太阳直射点的移动、三圈环流的形成以及天气系统的形成等，都可以开发多媒体课程资源，加深学生的印象，实现强化知识的目的。

3. 材料展示，提高分析能力

跟传统的板书教学相比，开发多媒体课程资源来制作地理课件，对地理教师来说，可以把要学习的内容在同一个画面中进行整合，把各种地理图表和资料清晰地展现在学生面前，进行有效的地理知识分析。帮助学生建立相应的空间联系，把地理知识的纵横联系和空间联系进行综合分析，找出一些精选立体画面来巩固学生的记忆。这样形象的讲解和解说，增加了课堂容量，提高了教学效率。

比如，在讲解"气候"这个专题的时候，可以在课件中设置"气候形成""气候的分布""跟气候相关的试题"等环节，每个大环节都包含若干小环节。像在"气候分布"这个大环节中，就可以包含"世界气候分布""中国气候分布"等小环节，还可以从"世界气候分布"中再细分为"亚洲气候分布""欧洲气候分布"等环节，这样就给学生展现出一个系统的知识网络。最后在"相关试题"这个环节，可以用多媒体给学生展示一张图片，就是某地区的降水量图，可以向学生提问："这个地区的气候类型为什么气候？""这个地区可能位于什么地方？""这个地区的夏季受到什么风和气压带的影响？""这个地区7—9月份的气温比较低是因为什么？"让学生仔细分析，锻炼综合思维能力。

4. 开阔视野，解决实际问题

在高考中，很多热点问题、焦点问题都会以知识背景的方式出现在考题中，主要是考查学生运用地理知识解决实际问题的能力，这些问题的答案还是要回归到教材中去。所以，在高中地理知识学习过程中，教师要强化多媒体资源的开发，列举和地理知识有关的实际材料，让地理课堂和生活实际紧密结合在一起，这样就能开阔学生的视野，活跃课堂教学气氛，激发学生对地理知识的学习欲望，提高用地理知识解决实际问题的能力。

比如，可以在课堂中让学生观看我国"嫦娥四号"登月的视频，顺便给学生复习月球轨道的半径、质量以及月球跟地球的引力场等知识。还可以通过多媒体展示一些星球的图片、航天器的图片，让学生认识到地理的奥秘，明白地理知识和日常生活的联系。再比如，用多媒体给学生展示地震构造图，让大家分析地震形成的原因，分析地震所在区域的等高线地形图、地震过后引发的地质灾害等。除了这些，从最近频繁出现的"雾霾"天气出发，给学生展示"雾霾"的漫画图片，让学生积极发言，分析出现雾霾天气的原因，联系环境保护方面的知识，让学生明白环境问题实实在在地在身边出现。

综上所述，在高中地理多媒体课程资源的开发过程中，要不断提高教师整体素质，为课程资源开发提供人才保障，创新地理教学模式，丰富多媒体课程资源开发途径，从而优化学生的地理学习效果。

五、地理多媒体在理论教学中的应用

（一）教具模型构建

模型教具是地理课堂不可或缺的教学工具。以地貌学习为例，该内容涉及大量不同类别的地形地貌，若学生仅根据大量平面图片来识别地貌类型，仅能从图片中了解到某种地貌类型的大概外观状态。而该地貌类型的细节特点，如相对海拔高度，学生只能根据比例尺得到具体海拔数值，却无法对真实高度形成实际概念。

再如，地球仪为课堂教学中常见的教具之一，可以较为直观地反映国家与地区的分布范围、经纬度的划分方法、七大洲四大洋的划分等，但同样地球仪仅能在平面角度反映某些特点，立体性差，直观表现能力弱。随着多媒体技术的不断发展，3D 打印技术越来越成熟，全息投影技术不断进入大众视野。将 3D 打印技术及全息投影技术引入课程教学中，能让高中地理课堂随着科学技术的发展而与时俱进。教师在课堂中通过全息投影为学生展示某一地貌类型的整体特征，可以使学生清晰地了解该地貌类型的局部特点，从而帮助学生掌握知识。3D 打印技术可以从学生角度进行实际教学，由学生进行操作，进行某一地理要素的实际"塑造"。通过这一过程，学生能够掌握地理事物的特点，由此"创造"并呈现出自己所掌握的地理知识。

（二）微课或慕课的应用

除课堂教具外，班级授课是当前较为普遍的知识传授方式。传统课堂中的教师讲、学生听的授课模式仍然较为普遍，但近年来随着教育模式的改变，学生讲、学生听的模式逐渐凸显，教师在教学过程中变成辅助者和引导者，学生成为真正的课堂主体。但该模式仍不可避免地出现教学漏洞；由于学生较多，教师无法面面俱到，会存在学生某一知识点掌握不清的情况，加之学生自身性格原因，部分学生没有及时与教师、同学沟通，导致知识点掌握不牢固。针对以上问题，慕课或微课的使用能够"对症下药"，即教师通过慕课或微课，将整个体系的知识点拆散成无数个小知识点，每节课程通过几分钟时间进行单一知识点的讲解。在课堂中，教师可单独设置一节慕课让学生自行查漏补缺，对掌握不清楚的知识点进行学习。该方式有效解决了学生数量多、教师照顾"不周"的问题，更体现了因材施教的教育理念。在课下，学生仍可以通过该平台进行学习，冲破传统教学方式对时间和地点的限制。

六、实践教学中的应用

（一）3S 的应用

"3S"即地理信息系统、全球定位系统和遥感技术，其在社会发展与生态建设等方面发挥了积极作用，如智能交通、土地利用、生态环境等，而"3S"在中学地理教学过程中占据了重要地位。一方面，教师通过讲授"3S"理论知识，能让学生初步掌握其主要功能和意义，使学生形成地理学领域的学习思维；另一方面，教师通过遥感图片和定位图片进行授课，能使学生更深刻、直观地理解课程知识点，从而激发学习兴趣，更好地接纳教师教授的内容。当前，"3S"已逐渐走入高中地理课堂，但目前这一教学方式尚处于初步认识阶段。在实际教学中，教师可以加强"3S"与课堂的结合，如引入大量遥感图片，让学生学会辨别每种遥感图片所指代的实际意义，然后给出一张实际的地形图，让学生利用画笔手绘出其遥感图像。这样可增强学生对遥感图像的颜色代表差异的敏感性。将"3S"技术引入课堂既能够激发学生的学习兴趣，使学生学习到该领域的实质内容，又可满足学生的应试要求。

（二）VR 技术应用

"VR"即虚拟与现实。随着社会经济的发展，"VR"技术应用到教育行业中的实例较多，但一般出现在大学，将其引入高中地理课堂的案例极少。在当前的地理教学中，教师可根据课本或多媒体上的一些 2D、3D 图片和模型，让学生通过感官认识地理事物，但由于时间、安全及其他因素的限制，让学生进入真实的自然条件去了解和认识地理知识并不现实。"VR"技术可有效解决该问题。学校内可设置单独的"VR"教室，让学生通过该设备"亲身"体验环境，掌握地理知识中涉及的要素。例如，相对高差概念，教师平时上课讲解两山之间的相对高差为 1200 米，大部分学生心中仅有具体的数值，而对于 1200 米是怎样的高度概念并不了解，甚至有学生不能理解什么是相对高差。而借助"VR"技术，教师可以在虚拟场景中设置两座山的高度，"站"在海拔较高的山峰俯视海拔较低的山峰，然后"跳"到低山上，让学生"亲自"体会两座山之间的高差概念。该方式不仅可以激发学生的学习兴趣，而且可以让学生更好地掌握地理知识。

将多媒体技术应用于高中地理课堂对师生具有积极意义，也存在一些弊端。但总体说来，随着国家政策支撑和社会的不断发展，多媒体教学必将打破现存弊端，成为高中乃至整个教学环境中的重要组成，为地理及其他学科的学习提供良好的氛围和条件，使学生更容易获得新知，形成学科思维，对学生后阶段，甚至未来的学习、工作产生深远的影响，进而对复合型人才的养成产生积极作用。

第三节　高中地理教学媒体的选择与组合

地理教学媒体是指储存和传递地理教学信息的工具。地理教学媒体具有呈现事实、创设情境、提供示范、解释原理、探究发现等重要功能。因此，优选地理教学媒体对开展地理教学活动、完成地理教学任务来说是至关重要的。

一、地理教学媒体选择的依据

（一）地理教学目标

地理教学目标是对学生参加地理教学活动后应该表现出来的可见行为的具体的、明确的表述。它是贯穿地理教学活动全过程的指导思想，不仅规定了地理教师进行教学活动的内容与方法，而且还控制着地理教学媒体的类型以及媒体出示的时机、方法与步骤。因此，地理教学目标对地理教学媒体的选择具有决定作用。每个单元、课时、课题都有一定的教学目标即具体的教学要求，为达到不同的教学目标通常需要使用不同的媒体来传输教学信息。例如，对于认知类教学目标选择挂图、图片、实物、标本、模型、投影、多媒体动画等媒体开展教学，可收到良好的教学效果，而对于情感类教学目标选择表现手法多样、艺术性和感染力强的媒体如录音录像等，可对学生产生巨大的吸引力和情感上的震撼力。

（二）地理教学内容

地理教学内容是指为了实现地理教学目标，要求学生系统学习的地理知识技能和行为规范的总和。地理教学内容和地理教学媒体之间存在必然的、本质的联系，地理教学内容是制约地理教学媒体选择的重要因素。地理教学内容广泛涉及自然地理、人文地理、区域地理等对于不同的教学内容，应有区别地选择合适的教学媒体。例如，自然地理多选择图片、实物标本、模型、录像等；人文地理多选择挂图、录像等；区域地理则多采用挂图、景观图片教学。从知识属性看，地理名称、地理分布一般采用挂图；地理数据一般采用黑板、投影；地理景观一般采用图片、实物、标本、模型、录像等；地理演变则多采用动画制作多媒体课件，用计算机多媒体辅助教学；地理概念、地理特征、地理规律、地理成因等则多采用板书、板图、板画、挂图等揭示地理事物的本质。

（三）学生特点

教学媒体是储存和传递教学信息的工具。学生学习地理的心理基本特征是地理教学媒体选择的依据之一，其重要性是不言而喻的。心理学研究表明，高中生与初中生在心理发展上有很大区别。从学习积极性方面，看高中生与初中生在学习需要、动机和兴趣上都有区别。从认知结构上看，学生的观察能力较差，缺乏从整体上观察、从细微处观察的意识，注意力不容易持久集中，思维以直观形象思维占优势。高中生的观察能力较为精确而深刻，注意力比较趋于稳定而持久，思维具有更高的抽象概括性，能够逐步摆脱直观形象和直观经验的限制，借助概念进行合乎逻辑的判断和推理，想象更加丰富、合乎理性。

教学媒体与学生认知结构关系密切如图 5-1 所示。可以看出，在地理课堂教学中学生接受地理信息量的多少取决于地理教学媒体与地理教学内容是否统一、地理教学媒体与学生的认知结构是否相容、地理教学内容与学生的认知结构是否一致。统一性、相容性、一致性越好，图 5-1 中的重合部分就越大，意味着有效信息量就越大。

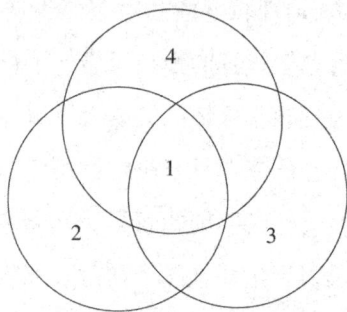

注：1—有效信息量；2—教学媒体；3—学习内容；4—认知结构

图 5-1　教学媒体、学生认知结构和学习内容关系示意图

因此，地理教学媒体的选择必须充分考虑学生的认知结构。可以较多地使用投影、电影、电视和录像。投影片要形象生动，重点突出，色彩鲜艳，能活动的地方力求活动，每节课使用的片数不宜太多，要对片中的内容进行详细的解释；使用电影、电视和录像，宜选用短片，动画镜头可以多一些。对于高中生选用的教学媒体种类可以广泛一些，传递的内容可增加分析、综合、抽象和概括，增加理性认识的分量，重点应放在揭示地理事物的内在规律上，同一种媒体连续使用的时间也可以延长。

（四）地理教师特点

每个地理教师在媒体的使用上都有自己的长处，也有不擅长的媒体。在选择媒体时应充分发挥自己的优势，扬长避短。有的地理教师语言表达能力较强、声音柔美、极富感染力，他就可以多采用语言讲述绘声绘色；有的地理教师美术功底好，可以多选用板画、投影等辅助教学；有的教师能熟练使用计算机，在学校设备齐全的条件下他就可以选择计算机多媒体辅助地理教学。如果一名地理教师同时具备上述能力，那么他在进行地理教学媒体的选择上就具有更大的空间。因此，地理教师在选择地理教学媒体时，一方面，要正确认识自己驾驭地理教学媒体的能力；另一方面，还要不断提高自己，以适应现代媒体对教师的要求。

（五）地理教学媒体特性

地理教学媒体自身特性包括技术特性和专业教学特性两个方面。地理教学媒体技术特性包括呈现力、重现力、传播力、受控性与参与性五个方面。仅考虑呈现力方面，电影、电视、录像、计算机多媒体与网络的呈现力要强于其他地理教学媒体，而全面考虑呈现力、重现力、传播力、受控性与参与性因素，幻灯投影、录音与录像的技术特性较强，计算机多媒体与网络则是最具有优势的媒体。

地理教学媒体的专业教学特性是指教学媒体传递、处理不同内容的教学信息的能力。不同的教学媒体，传递、处理某一教学内容的能力是不同的。黑板适合文字教学，录音适合语言教学，幻灯、投影与录像适合图像教学，计算机多媒体则适合动画教学。综合比较各种地理教学媒体的专业教学特性，可以看出，一般来说技术特性好的教学媒体对各种教学内容的功效都比较高，如幻灯、投影、录像、计算机多媒体、网络等即是如此。但也有例外，录音的技术特性虽好，却很难表现地理景观、地理分布以及地理事物的运动变化过程，它的地理教学特性比较差，所以在地理教学过程中使用得比较少。

正确认识各种地理教学媒体的优势与缺陷，是地理教师有效选择媒体的前提条件。

（六）地理教学环境

地理教学环境对地理教学媒体的选用有重要影响。根据信息传递方式，地理教学环境分为传统地理教学环境、电化地理教学环境、多媒体地理教学环境、多媒体网络地理教学环境。不同的环境为选择相应的媒体提供了可能。地理教师在进行教学设计时应根据当地的教学环境考虑到所选用的媒体是否唾手可得，或通过简单的准备即可利用，而不应考虑那些在学校与教学环境中无法准备与实现的媒体。

二、地理教学媒体选择的原则

（一）多样性原则

多样性原则要求在选用地理教学媒体时，在条件许可的前提下应尽可能多选一些媒体，因为运用多种媒体比只用一种媒体效果好。

从媒体本身看，选择多种媒体有利于媒体优势互补，进行媒体组合教学。关于教学媒体功能的研究表明，没有万能的教学媒体，所有的媒体都有其优点和缺点，没有一种媒体能永远优于其他媒体，也没有哪一种媒体能解决所有的问题，有时某一种媒体的短处可能恰恰是另一种媒体的长处。综合使用多种教学媒体就可以取长补短、优势互补，充分发挥教学媒体的整体功能。如视觉型媒体能使学生眼见其形但不能耳闻其声，而听觉型媒体则相反，只能使学生耳闻其声不能眼见其形，如果选择两者，在课堂上结合使用，不仅能各显其能而且能够收到声形并茂和相得益彰的效果。

从教学信息论看，选择多种媒体有利于加大教学信息容量和提高课堂效率。多样性原则要求既要选择传统媒体，又要选择现代媒体，特别是在有条件的情况下应尽可能地多选择现代媒体。因为，现代地理教学媒体具有传递信息快、单位时间内信息容量大的特点，可以节省教学时间，有效地传递教学信息，达到在现有的条件下用最少的时间和精力去获得最大可能的结果。据教育统计材料，在同一单位时间内运用现代教学媒体可比一般教学媒体增加 20% ~ 30% 的教学内容，所学得的材料分量比传统教学方式增加一倍，且可使考试中的错误减少 2/3 ~ 3/4。因此，要高效率地传递大量信息，提高课堂教学效率则应多选用幻灯、投影、电影、电视、录像、多媒体计算机、网络等现代教学媒体。

从学习的生理机制看，选择多种媒体有利于学生多种感官参与学习，提高学习效率。对记忆的研究表明，多种感官参与记忆，无论是记忆的速度还是记忆的质量远远大于单一感官的记忆。拿记忆后保持的比例来说，单用视觉，三小时后记忆保持的比例为 70%，三天后为 40%；单用听觉，三小时后记忆保持的比例为 60%，三天后为 15%；而视听并用记忆比例达到 90%，三天后仍为 75%，远远大于只看只听。课堂选用多种媒体传递教学信息就有多种渠道分别刺激学生的不同感官。当不同的感官接收的信息内容相互关联时就会深化对知识的感知程度，达到强化学习、提高学习效率的目的。

（二）适度性原则

多样性原则要求课堂教学应尽可能多地采用一些教学媒体，但这要以一定的条件为前提，并不是说媒体选得越多越好，因为尽管多种媒体传递的教学信息量一定比只有一种媒体传递的教学信息量大，但信息量大了还要考虑学生能否接受，如果不能接受，媒体再多也没有用。因此，媒体的选择还应遵循适度性原则，即一堂课使用的媒体不宜太多，应有一定数量的限制。一堂课用多少种媒体好呢？有人研究了课堂教学，认为不算常规教学媒体，仅选择现代教学媒体，以两三种为好，这样既能从不同方面理解教学内容，又能使学生始终保持新鲜感和学习兴趣，提高课堂教学效果。研究发现，如果选择四种以上的教学媒体，教学效果就不好了。

（三）经济性原则

美国大众传播学家施拉姆曾说过："如果两种媒体在实现某一教学目标时的功能一样，我一定选择价格较低的那种媒体。"选择媒体除了看使用效果外，还要看何种媒体花钱少、时间省、成本低，即要遵循经济性原则。一般来说，常规教学媒体的价格低于现代教学媒体的价格。在所有的教学媒体中，印刷品和黑板的价格最低，标本、模型、录音的价格较低，幻灯、投影、电视的价格中等，电影和录像的价格较高，计算机多媒体和网络的价格最高。前面说过，在有条件的情况下要尽可能地选用现代教学媒体，但并不是说要一味地追求"带电作业"，不是选用的媒体越高档越好，而是要看情况，具体问题具体分析。如果本来用黑板就能展示的板书，用挂图、图片就能说明问题的教学内容却制成了昂贵的幻灯片、投影片；本来用幻灯片、投影片就能显示的例题或习题却制成了高档的多媒体课件，本来可以直接用实物或模型演示的实验却制成了高价的录像带，这样既浪费材料、人力，又浪费教学时间。可见，选择教学媒体应该考虑低成本、高效能。

（四）教学最优化原则

教学最优化原则是指把选用教学媒体的过程放在整体的教学设计中，充分考虑教学各方面的因素，协调教学媒体与教学其他方面的关系，使教学媒体的功效服从于整体教学设计，以取得最佳教学效果。教学最优化原则可以说是选用教学媒体的根本原则和根本要求。实施这一原则的关键是对教学的各个方面进行系统的分析。首先，要充分认识各种教学媒体的功能、特性及其发挥积极作用的主客观条件。其次，要明确课堂教学目标的构成与水平层次，分析教学内容的特点、类型、层次结构、逻辑联系、重点和难点及其教学意义；了解学生的年龄心理特征、生活经验、知识存量、初始能力、学习态度和学习风格，认识教师个人的教学风格和教学能力，熟悉学校的教学设备和教室的环境条件。在此基础上，综合考虑选用合适的教学媒体以实现教学最优化。

第六章 基于核心素养培养的高中地理情境教学

第一节 基于核心素养培养的高中地理情境教学理论基础

教育部研制印发《关于全面深化课程改革落实立德树人根本任务的意见》，提出"教育部将组织研究提出各学段学生发展核心素养体系，明确学生应具备的适应终身发展和社会发展需要的必备品格和关键能力"。

中国学生发展核心素养以培养"全面发展的人"为核心，分为文化基础、自主发展、社会参与3个方面，综合表现为人文底蕴、科学精神、学会学习、健康生活、责任担当、实践创新的六大素养，具体细化为国家认同等18个基本要点。各素养之间相互联系、相互补充、相互促进，在不同情境中发挥整体作用。

地理学科核心素养是学科育人价值的集中体现，是学生通过学科学习而逐步形成的正确价值观念、必备品格和关键能力。地理学科核心素养主要包括人地协调观、综合思维、区域认知和地理实践力，它们是相互联系的有机整体。相关内容在"第二章 高中地理核心素养的构成"已有介绍，这里不再过多介绍。

情境教学是指在课堂教学中，根据教学的内容，为落实教学目标所设定的，适合学习主体并作用于学习主体，产生一定情感反应，能够使其主动积极建构性学习的具有学习背景、景象和学习活动条件的学习环境而开展的教学活动。

一、情境教学

（一）情境教学与现代教育理论

学生通过地理学科的学习逐步形成正确的价值观念、必备品格和关键能力，具备家国情怀和世界眼光，形成关注地方、国家和全球地理问题及可持续发展的意识。

基于"立德树人"的根本任务，地理学科的教学内容要体现综合性和区域性的特点，理解地理环境与人类活动之间的关系，以人地和谐发展的观念来看待问题；以"创新、协调、绿色、开放、共享"理念体现地理与社会的关联；密切结合学生的生活经验，让学生在自然和社会的大课堂中学习对其终身发展有用的地理知识。

1. 建构主义学习理论

建构主义主张世界是客观存在的，对事物的理解却是由每个人自己决定的。不同的人由于原有经验不同，对同一事物会有不同理解，能产生（建构）新的不同的经验。因此，同一个教室里的学生在同样的教学情境中，受到教师同样的指导，可能产生不同的学习经验。

建构主义认为，知识不是对现实的纯粹客观的反映，而是人们对客观世界的一种解释、假设或假说，将随着人们认识程度的深入而不断地变革、深化，产生新的解释和假设。知识并不能绝对准确无误地概括世界的法则，提供对任何活动或问题解决都实用的方法。在具体的问题解决中，知识是不可能一用就准、一用就灵的。由于对知识的理解，还需要个体基于自己的知识经验而建构，并取决于特定情境下的学习历程，因此知识需要教师加工处理为有意义的情境。

教学应该把学习者原有的知识经验作为新知识的生长点，引导学习者从原有的知识经验中，主动建构新的知识经验。教学不是知识的传递，而是知识的处理和转换。教师和学生、学生与学生之间，要共同针对某些问题进行探索，并在探索的过程中相互交流和质疑。情境教学是建立在有感染力的真实事件或真实问题基础上的，知识学习是与情境化的活动联系在一起的。学生在真实任务情境中，通过探究学习、合作学习等方式，尝试着发现问题、分析问题和解决问题。

2. 杜威的实用主义教育理论

杜威的实用主义教育思想主张以儿童为中心，师生民主平等，强调要解放学生，以学生为中心，向学生学习，建立民主、平等、合作的师生关系，根据学生个性及心理特点实施启发教育。

他重视学生的经验、兴趣和需要，强调学生发展的主动性、创造性，强调以学生为主体的教学实践，即"做中学"。让学生主动学习，在各种情境的探究过程中，让学生经历提出问题、给出假设、设计和实施实验、得出结论、相互交流等步骤，亲自参与物体和自然现象的发现、观察与实验，接触实际，从而达到以下目的：保护学生的好奇心，激发学生的学习兴趣，学生就会主动学习；激发想象力，扩展思维；获得重要的科学概念和科学概念之间的联系；学习探究的技能；提高合作和交往能力；促进语言和表达能力的发展，并在学习的过程中自主建构知识体系。

（二）情境教学法的心理学依据

1. 情感和认知相互作用

情绪心理学研究表明：个体的情感对认知活动至少有动力、强化、调节三方面的功能。动力功能是指情感对认知活动的增力或减力的效能，即健康的、积极的情感对认知活动起发动和促进作用，消极的不健康的情绪对认知活动起阻碍和抑制作用。情境教学法就是要在教学过程中引起学生积极的、健康的情感体验，直接提高学生的学习积极性，使学习活动成为学生自发的、快乐的事情。情感对认知活动的增力效能，给我们解决学生中当前普遍存在的学习动力不足问题以新的启示。情感的调节功能是指情感对认知活动的组织或瓦解作用，即中等强度的、愉快的情绪有利于智力操作的组织和进行，而情绪过强、过弱以及情绪不佳则可能导致思维的混乱和记忆的困难。情境教学法要求创设的情境要使学生感到轻松愉快、心平气和、耳目一新，促进学生心理活动的展开和深入进行。课堂教学的实践明显说明欢快活泼的课堂气氛是取得优良教学效果的重要条件，学生情感高涨和欢欣鼓舞之时往往是知识内化和深化之时。

脑科学研究表明：人的左右脑既有分工又有合作，左脑掌管逻辑、理性和分析的思维，包括言语的活动；右脑负责直觉、创造力和想象力，包括情感的活动。传统教学中，无论是教师的分析讲解，还是学生的单项练习，以及机械的背诵，所调动的主要是逻辑的、无感情的左脑的活动。而情境教学，往往是让学生先感受而后用语言表达，或边感受边促使内部语言的积极活动。感受时，掌管形象思维的右脑兴奋；表达时，掌管抽象思维的左脑兴奋。这样，左右脑交替兴奋、抑制或同时兴奋，协同工作，大大挖掘了大脑的潜在能量，学生可以在轻松愉快的气氛中学习。因此，情境教学可以获得比传统教学明显良好的教学效果。

2. 认识的直观原理

从方法论看，情境教学是利用反映论的原理，根据客观存在对主观意识的作用进行的。而世界正是通过形象进入儿童的意识的，意识是客观存在的反映。情境教学所创设的情境，因其是人为有意识创设和优化的，有利于儿童发展的外界环境，这种经过优化的客观情境，在教师语言的支配下，使儿童置身于特定的情境中，不仅影响儿童的认知心理，而且促使儿童的情感活动参与学习，从而引起儿童本身的自我运动。

300 多年前，捷克教育家夸美纽斯在《大教学论》中写道：一切知识都是从感官开始的。这种论述反映了教学过程中学生认识规律的一个重要方面：直观可以使抽象的知识具体化、形象化，有助于学生感性知识的形成。情境教学法使学生身临其境或如临其境，通过展示鲜明具体的形象（包括直接和间接形象），让学生从形象的感知达到抽象的、理性的顿悟，并且激发学生的学习情绪和学习兴趣，使学习活动成为学生主动、自觉的活动。

应该指明的是，情境教学法的一个本质特征是激发学生的情感，以此推动学生的认知活动。而演示教学法则只限于把实物、教具呈示给学生，或者教师简单地做示范实验，虽然也有直观的作用，但仅有实物直观的效果，只能导致学生冷冰冰的智力操作，而不能引起学生的火热之情，不能发挥情感的作用。

3. 思维科学的相似原理

相似原理反映了事物之间的同一性，是普遍性原理，也是情境教学的理论基础。形象是情境的主体，情境教学中的模拟要以范文中的形象和教学需要的形象为对象，情境中的形象也应和学生的知识经验相一致。情境教学法要在教学过程中收入或创设许多生动的场景，为学生提供更多的感知对象，使学生大脑中的相似块（知识单元）增加，有助于灵感的产生，也培养了相似性思维的能力。

4. 有意识与无意识心理

众所周知，有意识心理活动是主体对客体所意识到的心理活动的总和，包括有意知觉、有意记忆、有意注意、有意再认、有意重现（回忆）、有意想象、有意表象（再造的和创造的）、逻辑和言语思维、有意体验等。但遗憾的是，包含如此丰富内容的意识心理活动仍然不能单独完成认识、适应和改造自然的任务。情境教学的最终目的也正在于诱发和利用无意识心理提供的认识潜能。

自弗洛伊德以来，无意识心理现象为越来越多的学者所重视。所谓无意识心理，就是人们所未意识到的心理活动的总和，是主体对客体的不自觉的认识与内部体验的统一，是人脑不可缺少的反映形式，它包括无意感知、无意识记、无意再认、无意表象、无意想象、非言语思维、无意注意、无意体验等。无意识心理活动具有两个方面的功能：一是对客体的一种不知不觉的认知作用。如我们在边走路边谈话时，对路边的景物以及路上的其他东西并未产生有意识的印象，但我们不会被路上的石头绊倒。原因就是"石头"事实上引起了我们的反应，并产生了"避让"这种不自觉的、未注意的、不由自主的和模糊不清的躯体反应。二是对客体的一种不知不觉的内部体验作用。常言说的"情绪传染"就是无意识心理这一功能的表现。例如，我们会感到无缘无故的快活、不知不觉的忧郁，这往往是心境作用的结果。心境本身就是一种情绪状态，它能使人的其他一切体验和活动都染上较长时间的情绪色彩。

研究表明，无意识心理的上述两个功能直接作用于人的认知过程：首先，它是人们认识客观现实的必要形式；其次，它是促使人们有效地进行学习或创造性工作的一种能力。

可见，无意识心理活动的潜能是人的认知过程中不可缺少的能量源泉。情境教学的目的就在于尽可能地调用无意识的这些功能，也就是强调于不知不觉中获得智力因素与非智力因素的统一。

5.智力与非智力因素统一

教学作为一种认知过程，智力因素与非智力因素并存，即常言的"晓之以理，动之以情"的理论依据。在教学这种特定情境中的人际交往，由教师与学生的双边活动构成，其中师生间存在两条交织在一起的信息交流回路：知识信息交流回路和情感信息交流回路。二者相互影响，彼此依存，从不同的角度共同作用于教学过程。知识回路中的信息是教学内容，信息载体是教学形式；情感回路中的信息是师生情绪情感的变化，其载体是师生的表情（包括言语表情、面部表情、动作表情等）。无论哪一条回路发生故障，都必然影响到教学活动的质量，只有当两条回路都畅通无阻时，教学才能取得理想的效果。

运用情境教学首先须用"着眼发展"的观点，全面地提出教学任务，而后优选教学方案，根据教学任务、班级特点及教师本人素质，选择创设情境的途径。

（三）情境教学的意义

教学情境是指在课堂教学中，根据教学的内容，为落实教学目标所设定的，适合学习主体并作用于学习主体，产生一定的情感反应，能够使其主动、积极、建构性学习的具有学习背景、景象和学习活动条件的学习环境。

新课程的实施，课程功能和目标的调整，基于问题的情境，以问题研究为平台的建构性教学成为课堂教学主流，教师的"创设教学情境"能力也随之成为重要的教师专业能力。

情境教学可以综合利用多种教学手段，通过外显的教学活动形式，营造一种学习氛围，让学生形成良好的求知心理，参与对所学知识的探索、发现和认识过程。

教学情境可以贯穿于全课，也可以是课的开始、课的中间或课的结束。

情境教学是以直观方式再现书本知识所表征的实际事物或者实际事物的相关背景，显然，情境教学解决的是学生认识过程中的形象与抽象、实际与理论、感性与理性以及旧知与新知的关系和矛盾。

教师必须用情感激发学生的学习欲望，这是有意义学习的情感前提。一位充满爱心的教师，在教学里呈现出来的是极强的感染力，应使学生产生同样的，或与之相联系的情感。只有激情和真情才会在师生间产生一种互相感染的效应，从而不断激发学生学习的热情，唤起学生的求知欲，引导学生进入教学的情境和学习的状态。情感激发的目的在于为课堂教学提供一个良好的情绪背景，学生兴致勃勃、兴趣浓厚，甚至兴高采烈，这是教学的最佳精神状态。

总之，创设情境既要为学生的学习提供认知停靠点，又要激发学生的学习心向。这是情境的两大功能，也是促进学生有意义学习的两个先决条件。

（四）情境教学的特点

1. 生活化

强调情境创设的生活性，其实质是要解决生活世界与科学世界的关系，新课程呼唤科学世界向生活世界的回归。为此，创设教学情境，第一，要注重联系学生的现实生活，在学生鲜活的日常生活环境中发现、挖掘学习情境的资源。其中的问题应当是学生日常生活中经常会遭遇的一些问题，只有在生活化的学习情境中，学生才能切实弄明白知识的价值。第二，要挖掘和利用学生的经验。任何有效的教学都始于对学生已有经验的充分挖掘和利用。学生的经验包括认知经验和生活经验。美国著名的教育心理学家奥苏贝尔有一段经典的论述："假如让我把全部教育心理学仅仅归纳为一条原理的话，那么我将一言以蔽之——影响学习的唯一最重要的因素就是学生已经知道了什么，要探明这一点，并应据此进行教学。"可以说这段话语道出了"学生原有的知识和经验是教学活动的起点"这样一个教学理念。

2. 形象性

强调情境创设的形象性，其实质是要解决形象思维与抽象思维、感性认识与理性认识的关系。为此，我们所创设的教学情境，首先，应该是感性的、可见的、摸得着的，它能有效地丰富学生的感性认识，并促进感性认识向理性认识的转化和升华；其次，应该是形象的、具体的，它能有效地刺激和激发学生的想象和联想，使学生能够超越个人狭隘的经验范围和时间、空间的限制，既使学生获得更多的知识、掌握更多的事物，又能促使学生形象思维与抽象思维的互动发展。

3. 学科性

情境创设要体现学科特色，紧扣教学内容，凸显学习重点，当然，教学情境应是能够体现学科知识发现的过程、应用的条件以及学科知识在生活中的意义与价值的一个事物或场景。只有这样的情境才能有效地阐明学科知识在实际生活中的价值，帮助学生准确理解学科知识的内涵，激发他们学习的动力和热情。学科性是教学情境的本质属性。例如，在教学"洋流"时，我们可以创设"侣行"的真实情境，让学生设计帆船航行的路线，教学的重点应该落实到"洋流的流向""帆船旅行中的地理景观""选择航线的理由""评价航线的优劣"等地理问题。强调学科性，还意味着要挖掘学科自身的魅力，利用学科自身的内容和特征来生发情境，利用地理的区域性、综合性来创设地理教学情境。

4. 问题化

有价值的教学情境一定是内含问题的情境，它能有效地引发学生思考。情境中的问题要具备目的性、适应性和新颖性。目的性指问题是根据一定的教学目标而提出来的，目标是设问的方向、依据，也是问题的价值所在；适应性指问题的难易程度要适合全班学生的实际水平，以保证大多数学生在课堂上处于思考状态；新颖性指问题的设计和表述具有新颖性、奇特性和生动性，以使问题有真正吸引学生的力量。这样的问题才会成为感知和思考的对象，从而在学生心里造成一种悬而未决但又必须解决的求知状态，实际上也就是让学生产生问题意识。

5. 情感性

情感性指教学情境具有激发学生学习动力的功效。第斯多惠说得好："教学的艺术不在于传授本领，而在于激励、唤醒、鼓舞。而没有兴奋的情绪怎么能激励人，没有主动性怎么能唤醒沉睡的人，没有生气勃勃的精神怎么能鼓舞人呢？"赞科夫也强调："教学法一旦能触及学生的情绪和意志领域，触及学生的精神需要，这种教学法就能发挥高度有效的作用。"在教学过程中，创设一个恰当的情境，可以使学生产生一些"认识冲突"或"心理需求"，学生的求知欲望油然而生，学习积极性空前高涨。这时教师稍加引导，他们就会主动地、自觉地去探索、寻求解决问题的依据和方法，用自己的潜能去攻破每个难关，使问题得以解决。只有这样才能在教学活动中真正体现以学生为主体的现代教育观，真正让课堂变成知识探索的舞台。

如果教师让每一个学生那些各不相同的智慧、情感、性格特点都表现出来，就会在学生的发展上取得很大成效。这样做，学生的精神力量就会焕发出来。

（五）情境的类型

地理教学中，根据刺激物对学生感官活动所产生的不同作用，将情境大致分为实体情境、模拟情境和语表情境。

1. 地理实体情境

地理实体情境是指以地理事物原型为主的情境。如自然界中的斗转星移、山川田野、风云雨雪、花草树木，人文环境中的工厂、农田、商场、街道、码头等都属于地理实体情境。另外，在地理课堂教学中所出示的地理实物或地理标本，如指南针、地球仪、石灰岩等也是地理实体情境。地理实体情境具体、实在，学生看得到，摸得着、易于感受和理解，因此，凭借地理实体情境，可以提高学生的观察能力和思维能力，从而加深对地理事物的理解。

2. 地理模拟情境

地理模拟情境是指根据地理原理，运用一定手段，形象地复现地理事物主要形象和特征的情境。如地理景观照片再现、音乐渲染、角色扮演等都属于地理模拟情境。虽然模拟情境不如实体情境形象、逼真，但它简便、易行。地理教学中，当学生进入模拟情境就可通过眼前形象和实际感受，联系已有的经验，展开联想与想象，使情境丰富而生动。如借助三维动画，可以模拟出热带雨林动植物景观；由学生扮演水利工程师角色，侃侃而谈地演说工程实施对环境的保护，这时无论是担任角色，还是在座的学生，都会借助模拟情境去体验、感受。由于地理模拟情境只求相似，所以它是地理情境教学中常用的一种情境。

3. 地理语表情境

地理语表情境是指运用地理术语等语言表述的地理情境。在地理教学实践中，谚语、诗句、歌曲、成语、俗语、故事，或生动形象的描述等都属于地理语表情境。如李白的《蜀道难》："蜀道之难，难于上青天，使人听此凋朱颜！连峰去天不盈尺，枯松倒挂倚绝壁。飞湍瀑流争喧豗，砯崖转石万壑雷。""蜀道之难，难于上青天，侧身西望长咨嗟！"此诗生动地描写了四川省西部崎岖的地形。四川盆地西部邛崃山等山脉属于横断山脉，山峦起伏，连峰接天，削壁深壑，连山耸立，地形非常复杂。李白《将进酒》诗中："君不见黄河之水天上来，奔流到海不复回。"这两句诗描写了黄河源远流长，落差极大，如从天而降，一泻千里，东走大海。上句写大河之水天上来势不可挡，下句写大河之去势不可回。由于语表情境不像实体情境那样具体、形象，所以一般在高年级学生中运用，效果比较理想。

现代教学理论认为，构建"问题情境——建立模型——解释、应用、拓展"的基本教学模式，是课堂教学的主要形式：

1. 悬念情境

针对学生的年龄特征与心理特点等，在新课引入时，依据教学内容创设悬念来激发学生的学习兴趣。

2. 信息情境

在课堂教学活动中，教师要提供一些开放性、生活性、现实性的信息，让学生根据教师所创设、提供的信息，提出、解决教学问题。

可以进行创新意识和实践能力的训练，从而使每个学生真正感受到学习的乐趣。

3. 生活情境

生活是教学赖以生存和发展的源泉。因此，教学必须从抽象、枯燥的形式中解放出来，走向生活，使教学生活化。

4.求异情境

求异思维是不依常规，寻求变异，对给出的材料、信息从不同角度向不同方向，用不同方式或途径去分析和解决问题的思维方式，是创造性思维的一种主要形式，教师要善于选择具体例题，创设问题情境，引导学生的求异意识。对于学生在思维过程中时不时出现的求异因素及时给予肯定和热情表扬，对于学生欲寻异解而不能时，则要细心点拨、耐心引导，帮助学生获得成功，让他们在对于问题的多解的艰苦追求并且获得成功中，享受创造性思维活动的乐趣。

总之，情境教学的心理基础是情感与认知、思维智力与非智力因素、有意识与无意识等的关系，与现代教学理论的关系也非常密切，如建构主义、杜威的实用主义、陶行知的生活教育、发现学习和项目学习等。

二、地理学科核心素养与情境教学

（一）人地协调观与情境教学

《普通高中地理课程标准》提出，应强化人类与环境协调发展的生态文明理念；提升地理学科的必备品格和关键能力；学生要拓宽视野，具备家国情怀，用世界眼光去看待事物，在地理学习过程中逐渐形成关注地方、国家和全球的地理问题及可持续发展问题的意识。人地协调观是人们对人类与地理环境之间关系秉持的正确价值观，能够辩证地看待自然环境对人类活动的影响和人类活动对环境影响的方式、强度、后果，在真实的地理情境中分析评价现实人地关系问题，形成正确的价值判断。人地协调观的培养离不开情境的引入，在真实情境中，将环境保护意识贯穿于较多的教学内容与环节中，学生能够更加清楚地了解人地关系，形成正确的环境观。

人地协调观的教育在高中地理课程中的体现有，"人文地理"模块中要求"树立绿色发展、共同发展、人地协调发展的观念"，这些观念的形成不是一蹴而就的，须创设相应的情境，引导学生理解社会经济活动对人类的影响以及人类活动对人文环境的影响，能够形成判断人类活动与资源环境问题关系的初步意识。

总之，对中学生来说，在真实的情境中，思考人口问题、环境问题和资源问题等，可以形成正确的价值观，强化学生的人地协调观念，实现情感的升华。

（二）综合思维与情境教学

综合思维是分析、理解自然地理过程和规律、人地关系的重要思想，综合思维是由地理学科本身所具有的综合性质决定的，地理学科研究的是把地球表层各个要素作为复杂统一的整体进行要素、区位以及时空视角三个维度的综合分析,从要素综合的角度,认知地理事物和地理要素的整体性关系;从区位综合的角度,分析不同区域中各要素对地域特征产生的影响,协调区域内出现的人地关系问题;从时空综合的角度,分析地理事物产生和发展的过程,并实现区域的可持续发展。综合思维三大视角的每一个环节都非常重要而且紧密联系,缺少任何一方面都不利于地理核心素养的养成和提升。

(三)区域认知与情境教学

区域认知是分析、理解自然地理过程和规律、人地关系系统的重要方法,区域认知是按照一定的标准将地球表层划分成不同尺度、功能和类型的区域并加以认识和研究的过程。分析区域的区位条件,总结其特点、各地理要素之间的相互作用和相互影响,比较不同区域之间的差异,探讨各区域之间的相互联系,根据区域的特色进行开发和利用,促进区域的发展。

(四)地理实践力与情境教学

地理实践力是指人们在地理实践活动中所具备的行动能力和品质。地理实践力是地理学科核心素养的重要组成部分,它将书本知识与实践相结合,让学生在实践过程中将书本知识转化成解决实际问题的能力,用于在真实情境中观察、感悟、理解地理环境及其人地关系。

地理实践力是地理原理和地理规律与实际紧密结合的产物,是解决地理现实问题的能力,是一种行动能力和意志品质。核心素养的培养是在学生实践应用中生成的,可以将相关学习内容的时间安排由课堂延伸到课外。地理课程本身就具有很强的实践性,地理实践也是提升学生地理学科核心素养的重要手段,地理教师应该将地理实践活动作为地理教学的重要方法之一。

三、情境教学的育人价值

(一)指向人地协调观素养的情境教学的育人价值

培养学生人地协调观,旨在学生面对不断出现的人口、资源、环境和发展等真实的社会情境时,能理解并认识到,人类社会要更好地发展,必须尊重自然规律,协调好人类活动与地理环境的关系。从价值观的层面看,协调人类与环境关系,要求我们正确认识和处理自然价值与文化价值的关系。以往的人类活动以损害自然价值的方式实现文化价值,使得人类走到不可持续发展的地步。我们只有保护自然价值,才会有健康的文化。以不损害自然价值的方式实现文化价值,实现人与自然的"双赢",是协调人地关系最重要的目标。

（二）指向综合思维素养的情境教学的育人价值

思维方式包括知识、观念、方法、智力、情感、意志、语言、习惯等,综合思维作为一种思维方式,强调整体观念（要素关联）、时间观念（发展变化）和空间观念（区域特性）,总结概括为要素的综合、时空的综合和地方的综合。培养和训练学生的综合思维,旨在培养学生多要素、多角度,而非孤立、绝对、静止地分析地理事物和现象;能够在比较复杂的情境中辩证地而非僵化地分析人地关系问题。

（三）指向区域认知素养的情境教学的育人价值

区域认知是地球表面复杂多样性的一种策略和视角,是人们运用区域的观点（或视角）和方法认识地球表面复杂多样性的思维品质与能力。学生具有从区域的视角认识地理现象的意识与习惯,能正确采用认识区域的方法与工具,能够秉持正确的地理观念及一定的评价依据评析区域开发利用状况。要求中学生像地理学家一样划分区域显然不现实,但是让他们懂得划分区域是认识、解释、概括空间的需要,是地理学科的重要学习任务和方法,因为借助这种策略,能够使地球表面的复杂多样的真实情境变得可以被理解、模拟、演示等。

（四）指向地理实践力素养的情境教学的育人价值

地理实践力是在地理实践活动中表现出的行动能力和科学品质,是地理实践活动的技能和方法,是在地理实践活动中表现出来的科学精神和意志品质。地理教育的育人价值在于,为今日和未来世界培养活跃而又负责任的公民所必需,并有助于终身欣赏和认识这个世界。积极面对并有能力解决人类面临的生态破坏资源短缺和环境污染等种种环境问题。实现育人价值的关键是引导年轻人积极行动,并在行动中活跃起来,关注、欣赏这个世界,对其面临的各种问题承担责任。积极行动的意识和能力,要在真实的问题情境中通过实践训练提高,地理实践主要有考察、实验、调查等形式,除了纸笔学习之外,课堂讨论、课外研究性学习、参观访谈、野外考察等都属于实践性地理学习。

第二节 基于核心素养培养的高中地理情境教学实践策略

一、地理学科核心素养和情境教学的内涵

（一）情境教学的内涵界定

1.地理学科核心素养

地理学科核心素养是学科育人价值的集中体现，是学生通过学科学习而逐步形成的正确价值观念、必备品格和关键能力。地理学科核心素养主要包括人地协调观、综合思维、区域认知和地理实践力，它们是相互联系的有机整体。

2.情境教学

情境教学既是一种学习的环境，也是一种学习的过程，是指在课堂教学中，根据教学的内容和教学目标，教师有目的地引入或创设具有一定情绪色彩的、以形象为主体的生动具体的场景，以引起学生一定的态度体验，从而帮助学生理解教材，并使学生的心理机能得到发展的教学方法。

3.地理学科核心素养与情境教学

在课堂教学中创设多种多样的情境，建立起课程教学与核心素养的内在联系，使学生形成正确的价值观、必备品格和关键能力，提升学生的地理核心素养。

（二）为实现情境教学育人价值的实施策略

在研究的过程中，形成了基于学科核心素养的情境教学的建议，包括教学目标、教学内容、教学策略、活动设计、单元作业设计和教学评价等方面。

1.教学目标的设计

教学目标的实施要根据学科核心素养的培养要求，细化表述单元目标；根据单元的内容要求，有侧重地分解单元目标；结合具体教学情境的设计，形成具体的基于学科核心素养的情境教学的目标。

2.教学内容的选择

教学内容的选择要根据课程标准、学生认知水平和教师本身的特点。地理学科的教

学内容主要包括地理事实、地理概念、地理原理及其内在联系。高中阶段的情境教学设计除了地理事实和概念外，更注重对地理原理和内在联系的学习。

3. 教学策略的实施

（1）教学策略的实施要对应相关地理学科核心素养，在相应的情境中落实

①协调人地关系

人地协调观是指人们在面对不断出现的人口、资源、环境和发展问题，对人类与地理环境之间关系秉持的正确的价值观。课堂中学生通过角色扮演，模拟各种场景，面对现实中的各种问题，在解决问题的过程中，形成正确的价值观念，是培养人地协调观的绝佳途径。

②树立正确的人口观

在连贯的情境中，学生通过扮演各种角色，查看人口数据，学会各种统计图的阅读方法，发现人口问题，提出解决人口问题的建议，进而形成正确的人口观。

③树立正确的资源观

学生在模拟垃圾分类的活动过程中，了解到干垃圾量的庞大，垃圾也是一种资源，只有秉持节约资源、文明消费，做到垃圾分类回收，是我们现阶段发展过程中处理不断增加的固体废弃物的重要举措。

④树立正确的环境观

教学情境模拟河长制工作的评估，给学生身临其境的感觉。选取围绕最近两年全国各地治理水环境的"河长制"工作的案例进行调查研究，关注我们身边的河流，从本区水体污染的现状、原因分析、治理的措施、取得的成果等方面探索解决我们所面临的环境问题的方法，形成正确的环境观。

⑤树立可持续发展观

在教学情境中，学生查阅资料、进行汇报展示。培养学生的人地协调观，使学生在面对不断出现的人口、资源、环境和发展问题时，理解并认识到，人类社会要更好地发展，必须尊重自然规律，协调好人类活动与地理环境的关系。因此，在教学过程中要注重人地协调观的培养，正确看待地理环境与人类活动的相互影响，深入认识两者相互影响的不同方式、强度和后果，理解人们对人地关系认识的阶段性表现及其原因，认同人地协调对可持续发展的重要意义，形成尊重自然、和谐发展的态度。

（2）创设任务情境

人类生存的地理环境是一个综合体，在不同时空条件下，地理要素相互作用，综合决定着地理环境的形成和发展。

①分析地理要素，解决现实问题

要素综合研究有不同的层次：两个要素相互关系（如气候和水文的关系，或土壤和植被的关系等）的综合研究，是低层次的综合研究；多个要素相互关系（如地貌、水文、气候、植被和土壤的关系，或聚落、城市、交通、政治等关系）的综合研究，是中层次的综合研究；地球表面全部要素（包括自然、经济、政治、社会文化）之间相互关系的综合研究，是高层次的综合研究。中层次和高层次的综合研究，也是地理环境整体性的体现。

②研究发展变化，解决现实问题

通过探究地球生物的演化，理解生物进化；减小全球变暖的危害，提出缓解措施；发展农业科技和交通，感受区位变化；关注区域开发，解决现实问题等活动，解决现实生活中的问题。

培养和训练学生的综合思维，旨在学生能够多要素、多角度，而非孤立、绝对、静止地分析地理事物和现象；能够辩证地而非僵化地分析人地关系问题。据此，课程标准给出了针对学生综合思维的培养目标："学生能够形成从综合的视角认识地理事物和现象的意识，对地理各要素之间的相互作用关系有较强分析能力，并在一定程度上解释地理事物和现象发生、发展的过程，从而较全面地观察、分析和认识不同地方的地理环境特点，辩证地看待地理问题。"

（3）创设问题情境

人类生存的地理环境多种多样，将其划分成不同尺度、不同类型的区域加以认识，是人们认识地理环境复杂性的基本方法。区域有不同的空间尺度和类型，认识区域的方法也各不相同，运用区域综合分析、区域比较、区域关联等方法认识区域，分析和认识地理环境，以及它与人类活动的关系，简要评价区域现状和发展。

通过运用图文资料所创设的情境，分析区域的基本特征，比较区域的要素差异，关联区域的整体环境，评价区域的现状发展，运用空间－区域的观点认识复杂的地理环境。通过区域综合分析、区域比较、区域关联和区域发展评价等方法认识区域，理解地理环境与人类活动的关系，认识区域的发展现状，促进区域的发展，正视区域发展中存在的问题，寻求解决问题的办法，不断提高学生的区域认知素养。

（4）创设真实情境

地理实践活动的形式多种多样，主要包括考察、实验、调查等多种形式，还有课堂讨论、课外研究性学习、参观、访谈、野外考察等。在学习过程中加入多种实践活动，例如：①通过创设实物情境，进行探究实验，利用矿物标本，探究矿物岩石特征，控制变量实验，探究水土流失原因。②运用地理工具，进行野外考察，立足东方绿舟，开展综合实践活动。

③围绕红色之旅，开展暑期考察活动。④利用世界遗产，开展地理研学活动。⑤拓展红色资源，开展海外研学活动。⑥策划人口调查，具备行动能力。

地理实践力素养的培养，在于把学生带到真实的复杂世界中，调动意识，磨炼意志，陶冶性情，打开眼界，最终外显为在实践中积极能动的态度、责任感和独立生存能力。据此，课程标准给出了针对地理实践力的培养目标："学生能够运用所学知识和地理工具，在室内、野外和社会的真实环境下，通过考察、实验、调查等方式获取地理信息，探索和尝试解决实际问题，具备活动策划、实施等行动能力。"

4. 教学活动的设计

在情境教学的活动设计中，针对地理学科核心素养的关注点，结合初高中的课程内容和学生的认知特点，设计、规划地理学习活动，引导学生体验不同的学习过程。根据《普通高中地理课程标准》，围绕地理学科核心素养的四个方面，梳理高中阶段相关教学活动的建议。在这些建议的指导下，教师进行相应情境教学的设计和实践，帮助学生在活动中提升学科核心素养。

5. 单元作业设计

单元作业设计的流程是在研读单元目标的基础上明确单元作业目标；收集不同类型的作业资源；标注作业的属性，包括内容、水平和难度属性；构建作业的属性，包括内容的分布、题型数量和难度分布等；另外还有作业的布置和批改、作业的评价等方面。

单元试题类作业包括识记类、理解类和应用类等，其时间和空间比较自由，因而在内容和形式上应丰富多样，功能指向也比较宽泛，是地理学科中最普遍的作业类型。它是单元课堂教学的自然延伸和补充，对于理解、巩固、掌握和深化课堂教学所学知识及良好学习习惯的养成有一定的作用。

地理单元活动类作业包括观察类、调查类、动手类和表达类等，可能需要较长时间的思考或资料的查证工作，经过一定努力方能完成，学生可以请求其他同学或教师的帮助，时间一般需几周。也有称之为专题作业，由 3 ~ 5 位学生自由组合成一个小组共同完成，时间为一个学期。作业的专题由学生根据单元的地理学习内容自行选择，充分体现学生的自主性，教师可相应提供一些小课题供学生参考。

二、基于学科核心素养的地理情境教学的教学建议

（一）教学目标

地理课程目标是通过地理学科核心素养的培养，从地理教育的角度落实立德树人的根本任务。包含了教育方针、教育目的、培养目标、课程教学目的和教学目标，而教学目标又包含课程目标、阶段目标、单元教学目标和课时教学目标，课程目标和阶段目标是比

较笼统的，在设计单元目标和课时目标时，要考虑各种具体情境在教学中的运用，在情境中设计各种问题和活动，以达成教学目标。

1. 课程目标

切实将地理学科核心素养的培养贯穿在地理课程的设计和实施中。在地理学科内容方面，要充分体现地理学科的本质和价值，展示其核心思想和独特视角；在社会需求方面，要响应党和国家提出的"创新、协调、绿色、开放、共享"的发展理念，展示地理学与社会的关联；在学生发展方面，要密切联系学生的生活经验，让学生在自然和社会的大课堂中学习对其终身发展有用的地理知识。

2. 阶段目标

高中地理课程的总目标是通过地理学科核心素养的培养，从地理教育的角度落实立德树人根本任务。具体目标在前文已有介绍，这里不再赘述。

3. 单元教学目标

单元教学目标是学生经过单元学习，围绕学科核心素养，运用认知观描述的方法凝练出的学习的预期结果。如高二年级《地理》（中国版）"人口"单元根据课程的内容要求："运用资料，描述人口分布、迁移的特点及其影响因素，并结合实例，解释区域资源环境承载力、人口合理容量。"分解单元目标，设计一定的情境来表示学生内部的心理过程，从而形成具体的单元教学目标。应该达成的单元教学目标如下：

第一，在简单、熟悉的情境中，能够辨识人口的地理特点，对于给定的简单地理事象，能够简要分析人口与城乡、产业、文化等人文地理事象之间的关系，与自然要素之间的关系，解释人口分布等的时空变化过程，以及出现的人地关系问题，说明人地协调发展和走可持续发展之路的重要性（人地协调观、综合思维）。

第二，与他人合作，能使用遥感图像等地理信息技术手段和其他地理工具，为人口方面的地理事象，设计和实施社会调查方案，做出简要的解释；能够在地理实践中表现出独立思考的意识、求真求实的科学态度，以及灵活运用知识的能力（地理实践力）。

第三，根据学科核心素养的培养要求，细化表述单元目标；根据单元的内容要求，有侧重地分解单元目标；结合各种教学情境的设计，形成具体的基于学科核心素养的情境教学的目标。

4. 课时教学目标

单元教学目标的行为动词比较宏观，因此，在设计课堂教学课时、教学目标时，应根据选取的教学内容和相应情境，选择更为具体的目标动词陈述课时的教学目标；另外，预设的教学目标在教学结束后应及时调整，这样才能不断提高教学目标设计和实施的能力，促进学生的学习。

5.教学目标的分类

（1）行为取向性课程目标

行为取向的课程目标是学生的预期学习结果，它具有导向功能、控制功能、激励功能与评价功能。行为目标具体、明确，便于操作、评价，对于学习以提高知识、技能水平为主的课程内容较为适合。

（2）生成性课程目标

生成性目标不是外部事先规定的目标，而是在教育情境之中随着教学过程的展开而自然生成的目标，它关注的是学习活动的过程，而不是像行为目标那样重视结果。考虑学生的兴趣、能力差异，强调目标的适应性、生成性。

（3）表现性课程目标

表现性目标，指在教学情境中关注学生个性化的创造性表现。关注学生的创造精神、批判性思维，适合以学生活动为主的课程。

（二）教学内容

高中阶段的课程内容分为"必修课程""选择性必修课程"和"选修课程"。其中"必修课程"是每个高中生都必须学习的内容，主要包括地球科学基础、自然地理实践、自然环境与人类活动的关系、人文地理和环境与发展等；"选择性必修课程"包括自然地理基础、区域发展和资源、环境与国家安全；"选修课程"则侧重自然、人文和技术实践三个领域的内容。

1.自然地理的情境设计

"地貌"的内容要求是"通过野外观察或运用视频、图像，识别3～4种地貌，描述其景观的主要特点"。

2.人文地理的情境设计

"人口"的内容要求是"运用资料，描述人口分布、迁移的特点及其影响因素，并结合实例，解释区域资源承载力、人口合理容量"。

（三）教学策略

情境教学包括地理实体情境、地理模拟情境和地理语表情境等类别。地理实体情境是以地理事物的原型为情境，自然界中存在的地理事物，地理课堂教学中所用的实物和地理标本，如指南针、地球仪、各种岩石等都属于地理实体情境；地理模拟情境是根据地理原理，形象地展现针对地理事物的主要形象和特征而创设的情境，如地理景观照片、角色扮演、三维动画等都属于模拟情境；地理语表情境是运用地理术语等语言表述的情境，各种谚语、诗句、歌曲、成语、俗语、故事等都属于地理语表情境。这些情境交织在一起，学生处在一个与外界环境有联系的情境中，遇到的问题是真实、科学、复杂和具有挑战性的。因此，在教学中创设多种教学的情境有利于培养学生的地理学科核心素养。

1.角色扮演，模拟地理情境，协调人地关系

人地协调观是指人们在面对不断出现的人口、资源、环境和发展问题时，对人类与地理环境之间关系秉持的正确价值观。课堂中学生通过角色扮演，模拟各种场景，面对现实中的各种问题，在解决问题的过程中，形成正确的价值观念，是培养人地协调观的绝佳途径。

（1）角色扮演，模拟人口政策决策，树立正确的人口观

在学习"人口"主题时，学生对人口增长所带来的影响、我国的人口政策变化的原因等的理解存有疑问，面对中国人口发展的过程中出现的问题，尝试着理解并提出解决问题的方案，在教学中模拟2015年"全面二孩"人口政策的决策过程，经历解决人口问题的过程。

设计五个连贯的情境，学生扮演各部委部长和主任，查看人口数据，学会各种统计图的阅读方法；了解人口增长和减少对我国发展的影响，对我国的人口现状有深刻的认识，发现人口的问题，同时提出解决问题的方案；在解决问题的过程中，能纵观全局，直面政策宏观调控所带来的影响，进一步理解"全面二孩"政策能够缓解老龄化进程，平衡性别比，优化人口结构，促进人口的长期均衡发展和社会的和谐发展，形成正确的人口观。

（2）角色扮演，模拟小区垃圾分类，树立正确的资源观

世界人口的急剧增长和经济的快速发展，导致人类对资源的需求的增加，人类对资源的不合理开发和利用、环境污染和生态恶化，造成了资源的短缺。

在学习"自然资源与环境保护"时，对资源的特点、分类比较熟悉，不同资源的分布可以借助各类地图获取信息；而环境保护这部分内容，最近两年的教学设计中很多都围绕着垃圾分类这个热点开展，旨在让学生在实践活动中养成良好的习惯，真正做到知行合一。

学生在模拟垃圾分类的情境中，了解到干垃圾数量的庞大，只有"清洁生产、文明消费、节约资源"才能使垃圾减量化。把干垃圾中的可回收部分分出来，再循环利用；把湿垃圾分出来用作有机肥料，减少化肥的使用。这两部分的垃圾目前占到了19%，可以变废为宝，随着垃圾分类的实施，可回收利用部分将提高，占比将提高到36%。干垃圾须焚烧、填埋，这部分占垃圾总量的81%，要消耗大量能源去处理，并且占用土地，并对环境造成一定的

污染，因此要提倡简约的生活方式，防止过度包装。对有毒有害垃圾单独处理，可以防止对环境造成污染。垃圾也是一种资源，垃圾分类是我们现阶段发展过程中处理数量庞大的固体废弃物的重要举措。

（3）角色扮演，模拟河道环境监察，树立正确的环境观

在学习"城市的环境问题及环境优化""水资源危机"和"流域开发与整治"时，提到我国的七大水系受到不同程度的污染，流经城市的河段都形成明显的污染带，河道干涸、湖泊萎缩，水环境状况恶化，河湖功能退化等。

环境污染主要包括大气污染、水体污染、固体废弃物的污染和噪声污染等，此案例围绕最近两年全国各地治理水环境的河长制工作，关注我们身边的河流，从本区水体污染的现状、原因分析、治理的措施、取得的成果等方面探索解决我们所面临的环境问题的方法。在河流治理的过程中，也明确了人类活动与环境之间相互依存、相互影响的关系，在利用河流等自然环境时要注意适度开发、保护环境，对已经被破坏和污染的环境，要积极采取对策进行整治和修复，使环境能恢复到原有的模样或有所好转，形成正确的环境观。

（4）角色扮演，模拟区域开发，树立可持续发展观

以雄安新区为例，雄安新区于2017年4月1日正式成立。在学习"城市空间结构"和"区域开发"时，很多城市的发展模式都有一个逐渐发展变化的过程，而雄安新区就这样横空出世，其建设的规模和规格都是前所未有的。其建设规划时以资源环境承载能力为依据，确定其开发边界、人口规模、用地规模和开发强度等，能很好地体现可持续发展的理念。教学中可模拟评议会从"交通规划""城市空间利用"和"优美自然环境"三个方面进行评估论证。

交通规划项目组、城市空间利用项目组、优美自然环境项目组分别展示了三个教学情境，学生查阅资料、进行汇报展示。城市的空间结构是依据地形地势顺势而为，形成由北而南的"北城、中苑、南淀"三个城市空间结构片区，在城市的功能分区规划时又分成了五个片区，把生产、生活和生态进行了合理的规划，在发展的同时注重环境的保护，从城市规划中生态空间的保留与加强，交通、能源供应、水资源利用、垃圾处理等方面都体现出绿色环保的理念，保证了雄安新区的产业发展、生活环境的可持续发展。

培养学生人地协调观，旨在使学生面对不断出现的人口、资源、环境和发展问题时，理解并认识到，人类社会要更好地发展，必须尊重自然规律，协调好人类活动与地理环境的关系。因此，在教学过程中要注重人地协调观的培养，能够正确看待地理环境与人类活动的相互影响，深入认识两者相互影响的不同方式、强度和后果，理解人们对人地关系认识的阶段性表现及其原因，认同人地协调对可持续发展的重要意义，形成尊重自然、和谐

发展的态度。

2.应对现实问题，创设任务情境，提升综合思维能力

综合思维是指人们运用综合的观点认识地理环境的思维方式和能力。人类生存的地理环境是一个综合体，在不同时空组合条件下，地理要素相互作用，综合决定着地理环境的形成和发展。

综合思维作为一种思维方式，强调整体观念（要素关联）、时间观念（发展变化）和空间观念（区域特性），主要表现为要素的综合、时空的综合和地方的综合。要素的综合、时空的综合、地方的综合三者是相互联系的。

（1）分析地理要素，解决现实问题

①分析气候和水文的关系，完成简单任务

河流的流量、汛期和有无结冰期等方面的水文特征和气候密切相关，是影响水文特征的主要因素。因此，从气候角度分析河流的水文特征，涉及气候和水文两个要素的综合，是一种比较简单的学习任务，是低层次的综合研究。

②综合分析自然地理要素，完成复杂任务

如从自然地理角度分析长江三角洲的地理环境。长江三角洲的地理环境是气候、地貌、水文、生物和土壤等各要素相互影响、相互作用的结果。气候、地貌、水文、生物和土壤等各要素之间的关系比较复杂，牵涉多要素的综合，要理清这些要素之间的关系，是一个相对比较复杂的学习任务，是中层次的综合研究。

③综合分析地理环境要素，完成终极任务

如分析浙江省自然地理要素对人文地理的影响，地理环境包括地理位置、自然地理环境（气候、地形、土壤、河流、自然资源等）和人文地理环境（人口城市、产业、文化等）三个方面。从地理位置、自然地理环境和人文地理环境要素出发，根据人地关系相互作用、相互影响的原理，推演该地地理环境各要素对人口、农业、工商业、交通、旅游和文化等人文地理环境的影响。在分析这些区域地理要素的空间分布时，要综合各地理要素的相互作用、相互影响，具备综合思维和综合分析的能力。

（2）研究发展变化，解决现实问题

唯物辩证法认为，世界上的一切事物都处于永不停息的变化发展中，其包括运动、变化和发展。

①探究地球生物的演化，理解生物进化

自然界经历了从无机物到有机物，从无生命物质到生命物质，再到人类社会的漫长演化过程。天体史、地球史、生物史研究的重大进展，清晰地描绘了物质世界变化发展的

过程。从生物进化演变的规律来看，在漫长的地球演化时空通道中，生物从低等到高等的方向发展变化，细胞中的遗传物质一代一代地发生着传递、变化、变异和发展，形成了现代丰富的物种，而且其变化和发展还在继续。

②减小全球变暖的危害，提出缓解措施

人类活动对全球气候的变化有重要影响，最明显的是全球变暖。全球变暖的主要原因之一是人类大量使用矿物燃料和砍伐森林。减缓全球变暖可以通过改变能源结构，采用清洁能源，提高能源利用率，减少温室气体的排放；植树造林，通过绿色植物吸收二氧化碳，缓解温室效应；加强国际合作，承担共同责任等。

③发展农业科技和交通，感受区位变化

科学技术和交通的发展，减弱了农业生产对自然条件的依赖，也改变着传统农业生产的布局。如云南斗南鲜花种植区位条件的变化，云南鲜花种植的自然条件变化比较小，变化比较大的是一些社会经济条件，特别是农业科技、交通条件等。

温室大棚、农田水利、节水技术、保鲜技术、冷藏技术、生物技术、基因技术等的应用，现代交通运输，如高速公路、快速铁路、航空运输的发展，冷链运输，使市场范围进一步扩大。因此，农业生产对自然条件的依赖程度大大降低了，而科技水平、交通等社会经济因素的影响却大大增强，最终使农业区位的选择更加灵活，适应的市场空间更为广大。

（3）关注区域开发，解决现实问题

①开发区域自然资源，分析优势条件

区域开发的基础是进行区域分析，包括区域的地形地质地貌、气候资源、自然资源等自然条件和人口劳动力、科技水平、基础设施、产业结构及分布等社会经济条件，资源条件是区域经济发展的物质基础。自然资源的开发利用会带动产业的发展、产业的类型、产业的结构和布局。如柴达木盆地的开发，可以从三大产业发展的角度考虑其发展的资源条件。农业以畜牧业为主；工业发展主要是利用水电、太阳能和风能等清洁能源和丰富的矿产资源发展采矿业、盐化工业、有色金属冶炼等；利用风沙地貌、雅丹地貌等高原盆地独特的景观和少数民族的风情发展旅游业。

②直面区域重点问题，寻求解决方案

如黄土高原生态环境治理，首先要分析黄土高原水土流失的原因，包括自然和人为两个方面，综合自然要素和人为要素，自然原因包含了气候、地形、土壤和植被等因素，人为原因包含了多个方面的因素，像这样多因素的综合分析是学生综合思维训练非常重要的载体。水土流失过程是地貌、土壤、生物等统一变化的过程，黄土高原景观正是在这种统一变化的过程中形成的。综合分析地貌、水文、气候、人类活动等诸多自然要素和人为要素，在历史发展过程中相互作用，使水土流失不断加剧，水土流失的范围不断扩大。在对这一地理景观的分析中，多因素的综合和发展变化的过程体现了综合思维的运用。

③关注经济社会环境，实现和谐发展

可持续发展强调的是生态、经济和社会的协调发展。生态方面，在发展的同时保护环境，保护生物多样性；经济方面，重视数量增长，节约能源，减少废物，清洁生产，文明消费；社会方面，改善生活质量，提高健康水平，保障自由平等、安定的社会环境。如用可持续发展的观点，为海南发展海洋经济提出合理建议。海洋的第一产业主要是渔业，包括捕捞和养殖；海洋的第二产业涉及海洋资源的开发利用；海洋第三产业主要是旅游业和交通运输业。在对海洋经济发展提建议时要围绕产业的三个方面展开、突出其对经济发展的增值；在每一种产业发展的同时，要注意适度发展、保护环境，凸显生态保护的观点；最后在发展第三产业时，突出其绿色 GDP 的特点，吸纳更多劳动力的作用，提供更多就业岗位，为社会和谐作出贡献。

培养和训练学生的综合思维，旨在使学生能够多要素、多角度，而非孤立、静止地分析地理事物和现象；能够辩证而非僵化地分析人地关系问题。据此，课程标准给出了针对综合思维的培养目标："学生能够形成从综合的视角认识地理事物和现象的意识，对地理各要素之间的相互作用关系有较强的分析能力，并在一定程度上解释地理事物和现象发生、发展的过程，从而较全面地观察、分析和认识不同地方的地理环境特点，辩证地看待地理问题。"

（4）利用图文材料，创设问题情境，养成区域认知素养

①运用图文资料，分析区域的基本特征

某一国家（地区）的地理特征，可以按照地理位置、自然条件和社会经济等进行分析。地理位置，可以查阅地图判别海陆、经纬度、邻国、五带的划分、半球等的位置；自然条件，主要包括地形、气候、河流、湖泊、动植物、矿产等；社会经济状况主要包括工业、农业、交通运输业、金融贸易、人口、民族、城市、文化和历史等。如分析俄罗斯的地理特征，给出的图文材料是俄罗斯主要的自然资源、铁路、港口、城市的分布图和俄罗斯沿60°N 地形剖面图。根据这些材料提供的地理信息及其背后隐含的信息，可以综合分析俄罗斯的自然和人文地理特征，包括地形、气候、自然资源、农业、工业、交通和文化等方面。在运用各种图文资料对俄罗斯进行区域分析时，我们将俄罗斯划分为不同类型的区域，从地理环境各要素的角度综合分析其地理特征。

②运用图文资料，比较区域的要素差异

在进行区域比较时，往往是对两个不同的区域就某些地理要素的共同点和差异性进行比较，如不同的国家（区域）的地理特征的比较；也可以是两个区域的某个要素的比较。

如印度与巴西的地理特征比较，图文材料是印度和巴西的矿产分布，分别示意印度的矿产、河流、海洋、首都、地形等的分布和巴西的矿产、河流、城市、农产品、海洋的分布。进行区域比较时，可以结合图中的主题，矿产资源的种类和分布来设计问题；可以围绕两国的整体特点进行比较；也可以就图中某国的某一方面的特征设计问题；还可以就图中隐含的信息进行分析比较。

如中美两国地理特征的异同点的比较可反映出：在进行区域比较时，有时空间尺度比较大，如气候类型的比较，也有对城市和人口迁移现象的比较，有时区域的尺度也有一定的层次性，也有小尺度的区域（或地方）的地理特征的比较。在进行区域比较时，既有相同的地理特征，也有其影响因素的差异的分析等。

如尼罗河和刚果河流域特征的比较可用图文材料展示关于尼罗河和刚果河的长度、流域面积和流量的数据。这些图文材料明示的是河流的水系特征，暗示的是河流的水文特征，以及河流地貌、河流的补给方式、影响水文特征的因素和河流的开发利用等。因此，在比较河流特征时，主要从水文特征和水系特征两方面加以分析，还可以从河流地貌、河流的开发利用、河流发生洪涝引起的灾害等方面加以比较。

③运用图文资料，关联区域的整体环境

区域的地理环境是一个整体，地理环境各要素相互影响、相互作用，形成整体特征。因此，地理环境中的地理位置、地形地貌、气候、水文、植被、土壤等自然地理要素之间存在一定的联系，自然地理要素对人文地理环境（人口、城市、农业、工业、第三产业和文化等）也会产生很大的影响。

例如，运用区域关联，分析西欧自然地理要素对人文地理环境的影响。在区域关联时，影响气候的因素包括地理位置、大气环流、地形地势、洋流等；自然地理要素对人文地理环境的影响主要包括人口、城市、河流航运、农业和地域文化等方面。西欧温带海洋性气候的成因和自然地理对人文地理的影响，其中的地理要素之间的区域关联程度相对比较简单，只是关联的要素比较多而已，关联的内容呈现的是单向的联系，没有形成复杂的关联。

再如，运用区域关联分析亚马孙平原地理环境的整体性。组成陆地环境各要素（气候、地形、水文、生物、土壤）之间相互联系、相互制约和相互渗透，构成地理环境的整体性。亚马孙平原位于赤道附近，终年受赤道低气压控制，形成热带雨林气候；地形为平原，西高东低，在亚马孙河的上游，河流的侵蚀和堆积作用下形成河流地貌；在终年高温多雨的气候影响下，植被茂密高大，为热带雨林景观；在地形和气候的影响下，河流径流量大，流量较稳定，河网密布，湖泊星罗棋布；在湿热的气候和丰富的水资源的影响下，淋溶作用强烈，土壤为砖红壤，酸性、黏重、贫瘠。分析地理环境的整体性特征，各地理要素之间的相互影响、相互作用，形成比较复杂的区域关联。

还如，运用区域关联，应用地理环境整体性原理，分析张家口北部地区由天然草地变为菜地后的地理环境的变化。用要素关联图展示植被变化后，其他地理要素的变化。张家口北部地区的天然草地变为蔬菜种植区后，由于气候干旱，须进行灌溉，由于不合理灌溉造成土壤盐碱化使生物多样性减少，对气候的调节作用减弱，使气候更为干旱，生态环境继续恶化。这样的区域关联是牵一发而动全身的，地理环境各要素相互影响、相互作用，一个要素的变化会引起其他要素的变化，从而导致地理环境整体发生变化。

（5）开展各种活动，创设真实情境，形成地理实践力

地理实践力是在地理实践活动中表现出的行动能力和科学品质，包括地理实践活动的技能、方法和在地理实践活动中表现出来的科学精神、意志品质。

①创设实物情境，进行探究实验

地理实验教学能演绎地理事物的空间差异和空间联系，揭示地理事物空间运动和演变的规律。探究性的实验，能激发学生的学习兴趣，调动学习的积极性，有效地掌握学科知识，是一种培养基本技能和科学研究的好方法。

②运用地理工具，进行野外考察

考察，是指户外自然考察，提倡学生走进大自然，通过实践探究实际问题，考察的内容包括对地理环境的观察、描述、欣赏；对自然事物或现象的测量、取样、论证；对人类活动与环境关系的分析、评判、建议等。

在进行社会实践活动或野外实习时，可以用指南针、指针式手表和一些地理事物等创设的地理环境的真实情境来判定方向，进行野外考察。

③策划人口调查，具备行动能力

调查，是指面对真实的社会现象，发现问题，提出问题，并通过设计问卷，采访、访谈、入户调研等社会调查的方法，客观认识与地理相关的社会现象，发现其中的一些规律。

学生进行人口调查是为了摸清人口数量、人口构成以及居住地等方面的变化情况，针对不同调查目的和调查对象，制订详细的调查方案，采用重点调查的方式，调查出生率、死亡率等人口情况。根据人口调查的范围和目的的不同，学生常用的人口调查方法有文献

资料法、访问调查法、网络调查法等。

（四）活动设计

1. 情境教学的活动

情境教学的活动是指依据课程标准和教学目标，设计的实践或体验性的学习任务，且活动的目标指向学科核心素养的养成。活动设计以小组合作学习为主要形式，以学生主动参与、主动思考、主动探究为基本特征，在自主、合作、探究的学习过程中，通过多感官和多形式的学习体验来达成情境教学的目标。

2. 活动设计的原则

（1）趣味性和生活性相结合

地理教学要关注学生的生活，找到生活与教材的连接点，让学生能够感受到地理就在我们每个人的身边并触手可及。教学与生活中的问题相结合，是距离学生认知最近的，也是学生的兴趣所在。在课堂活动时密切联系身边的自然现象、生活见闻和社会热点，密切联系学生的经验，使学生在自然和社会的大课堂中学习对其终身发展有用的地理，体会到地理学科的魅力和价值。

（2）重要性和价值性相结合

活动设计是为了解决教学中的重点和难点。因此，突出重点和解决难点的活动设计是"有效教学"的关键。全面深化课程改革，把立德树人作为根本任务。

（3）拓展性与共享性相结合

活动中学生探究地理事象的本质，同时要通过迁移分析和延伸探究更多有价值的结论。在交流共享时，对自己和他人的观点进行反思或批判，从而建构知识体系。

（4）科学性与梯度性相结合

活动设计的情境问题设计要符合课程标准的要求，有层次和梯度，使不同认知水平的学生都能切实参与。

（5）实践性和过程性相结合

在实际情境中操作（演示）、制作、观察、调查、交流表达等实践过程中获得新的知识和技能，体验知识习得和感情投入、产出的过程，获得正确的价值判断。

小组成员在合作学习的过程中，经历学习活动的每一个细节，全程主动参与，解决问题的能力得以提高。

3. 活动的分类

活动设计按照学科课程的规划分为单元活动设计和课时活动设计。

活动设计按照活动的空间分为课内教学活动设计、课外拓展活动设计和野外社会实践活动设计等。

活动设计按照活动所要调动的感官又可以分为动手类、观察类、调查类、表达类四类。

4.活动设计的过程

单元活动设计是从比较宏观的层面对教学的活动进行设计，一般教师缺乏对单元活动整体的思考；课时活动设计是困扰许多教师的问题，也是经常会面对的；而各种类型的活动则是从细节方面对活动的设计加以思考，其操作过程也是需要我们关注的。

（1）单元活动设计过程

单元活动设计是在明确单元范围和目标的基础上，设计符合学生认知基础和发展需要的若干紧密联系的学习活动。设计活动结构是单元学习活动设计的关键，它从单元整体性视角对若干活动进行编排和设计，包括单元活动的数量、类型及实施的时空、形式组合。

（2）课时活动设计过程

课时活动设计是在明确学习的重点、难点和关键点以及教学目标的基础上，设计符合学生基础和发展需要的学习活动。活动的数量为一至数个，多个活动的设计需要进行组合使其结构化。

（3）各类活动设计过程

动手类活动的设计包括演示操作和作品制作等，动手类活动的设计可以借助教学资源、利用生活经验、借助现代信息技术、设计实验等。

演示操作活动中，一般包括演示、记录、解释等，制作作品的活动通常包括方案设计、作品制作和展示交流等。

观察类活动的设计是对地理事物或地理现象进行观察，分析其背后所蕴含的地理原理或地理规律的活动。一般为观察各种自然地理现象，可以是课堂短时观察，也可以是一个长周期连续观察的过程。

调查类活动的设计主要指文献检索、问卷调查、实地调查等活动。文献检索要选择权威的网站，调查类活动中问卷的设计和统计分析是关键，实地调查的方法主要有访问法、观察法和实验法等。

第三节　基于核心素养培养的高中地理情境教学实施评价

一、过程性评价中侧重于表现性评价

过程性评价，从时间上看贯穿于教学前、教学中和教学后的全过程；从空间上来看，包括了课堂内和课堂外；从评价内容来看，包括认知思维过程，学习动机，学习策略，情感、态度与价值观等方面，是一种比较客观、全面地评价学生的方法。过程性评价往往通过表现性评价来实现。

（一）表现性评价

表现性评价是指对学生在真实情境中完成某项任务或任务群时所表现出的语言、文字、创造能力和实践能力的评定，也指对学生在具体学习过程中，所表现出的学习态度、努力程度以及问题解决能力等的评定。表现性评价比较适合于评定学生应用知识、整合学科内容，以及决策、交流、合作等能力，是一种适合评价学生核心素养发展的方法。

表现性评价的方法通常为对开放式问题的笔试评价，对成果的实际操作过程及展示的评价，对日常谈话和观察开展的评价，对高层次学力状况的"思考能力、判断能力、表现能力"的评价，对日常环境中不同习惯的表现评价。

例："主要环境问题的探究"的表现性评价。

评价思路：借用多样的活动情境，让学生在体验和观察中，发现人类面临的主要环境问题所产生的危害，探究其产生的原因，说明协调人地关系和可持续发展的主要途径及措施，提升地理学科核心素养。

评价内容：在真实的世界中明确有环境问题的地区；选择不同的资料作为证据，说明该地区的某种环境问题；根据该地区环境问题的表现及危害，分析产生该环境问题的主要原因，提出合理可行的治理措施。通过这些行为表现，检验学生是否建构起解决环境问题的思维路径。依据评价内容设计任务群（图6-1）。

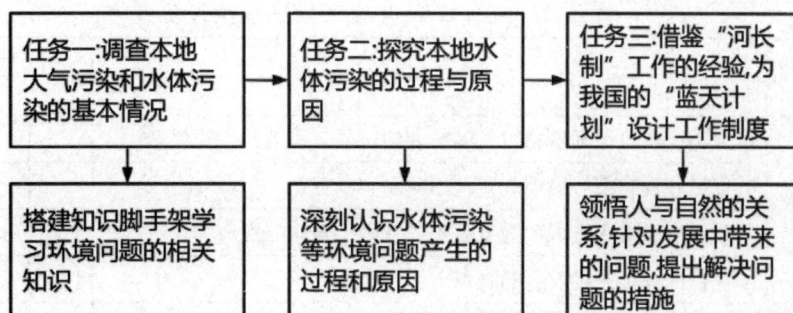

图 6-1 "解决环境问题"任务群设计

评价量规：以任务二为例，说明表现性评价量规的开发和应用。

学生通过查询本地水体污染的过程，从海量的信息中选出和主题相关的信息，教师从而判断学生对水体污染的理解水平。而水体污染的原因则需要学生对引起水体污染的多种原因进行分析，找到与本地水污染相关的污染源，教师从而判断学生对水体污染原因分析的综合思维能力。相应的评价标准如表 6-1 所示。

表 6-1 收集信息和综合思维表现性评价量规

分值	收集信息的表现	综合思维的表现
1分	能收集与环境污染相关的信息	由结果追究原因
2分	能收集到和水体污染相关的信息，但存在信息不足的问题	由水污染的结果探寻原因
3分	能收集到本地与水体污染相关的信息（包括数据、地图信息），但存在信息过剩的问题	由本地区的水污染的情境探究原因，但不全面
4分	能收集到本地与水体污染相关的信息（包括数据、地图信息）	由本地区的水污染的情境探究原因

（二）过程性评价

1.地理学科必修课程过程性评价

常见的必修课程过程性评价工具有过程性评价量表和学习日志。评价量表是一种量化评价的工具，使用简便；学习日志是一种质性评价工具，考虑现实的个性差异，让学生充分反思自己的不同体验。

表 6-2　地理学科必修课程过程性评价量表

评价项目	评价内容	评价等级		
		自评		组评
价值观	1. 分析、评价地理事物时，具有人地协调、和谐共生的观念			
	2. 区域开发时秉持因地制宜、因时制宜的观点			
	3. 审视世界文明进程，为发展提供着眼于全球的视角			
	4. 坚持区域可持续发展的观点			
情感、态度与价值观	5. 爱祖国、爱家乡的坚定情感			
	6. 按质按量完成学习任务			
	7. 学习中表现得勤奋、自信、坚毅，追求卓越			
过程与方法	8. 独立思考，善于发现问题，有自己独到的见解			
	9. 善于合作，勇于表达，乐于交流			
	10. 注重体验美、创造美，陶冶情操，提高审美情趣			
	11. 善于设计、比较、反思、总结、调整			
	12. 勤于积累、整理、辨析			
学习成果	13. 兴趣广泛，阅读百科全书			
	14. 作业书写工整、整洁、认真			
	15. 成果交流流畅、完善，有感染力			
	16. 地理小制作作品完整有创意			
个人特长、成果列举	阅读的书籍			
	制作的学具			
	绘制的地图			
	撰写的小课题或论文			
个人小结				
小组评价				
自评等级	本人签名	组评等级	组长签名	教师总评	教师签名

如表 6-2 所示，地理学科每个学期进行一次量表评价，首先由学生在期初、期中和期末分三次自我反思进行自评，然后在小组内进行互评，由被评价者阐述本学期的得失并展示自己的学习成果，小组成员指出其优缺点、给予改进建议，最后由教师给予总评。

该评价量表融合了学习日志（特长、成果、个人小结、小组评价）的内容，为学生提供了学习和反思的机会。

2. 地理活动类课程的过程性评价

采用地理小制作记录卡记录学习日志（表 6-3），可以进行过程性评价。

表6-3 学习日志

_____学校地理小制作记录卡

学生姓名 _____；班级 _____；记录

时间 _____

合作者 _____

1. 你制作的地理作品的名称：

2. 地理小制作的主要材料：

3. 记录制作作品的过程：

4. 简要介绍你的作品：

5. 别人对你的作品的评价：

6. 如果要重新制作，你将如何调整?

通过活动的设计，评价学生运用地理方法和解决地理问题的能力，如在教学过程中设计了四种类型的活动，对学生进行过程性评价（表6-4）。

表6-4 四种类型的活动的过程性评价

课题名称	活动类型	目的	评价方法
水土流失	动手类：地理实验	小组设计控制变量实验，选取实验器材进行实验；设计实验记录表，记录数据；对数据进行分析，得出结论，为解决水土流失问题提出相应方案	以小组形式评价：A、B、C、D、E等级
地貌	观察类：课堂观察	运用视频、图像观察，识别3～4种地貌，描述其景观的主要特点	以个人形式评价：A、B、C、D、E等级
人口	调查类	小组对小区居民的家庭进行"生二孩意愿"的访谈调查：小组选择大型居住区位调查空间，小组成员按楼梯号分工，以育有一孩的育龄夫妇为调查对象，设计调查问卷，问卷发布在相关问卷平台上，进行入户访谈调查，统计调查结果，分析倾向问题，提出解决对策	以小组形式评价：A、B、C、D、E等级

课题名称	活动类型	目的	评价方法
工业区位条件	表达类	创设情境：2019 年国庆阅兵式，女兵方队一抹美丽的"樱桃红"来自东方美谷，分析上海市奉贤"东方美谷"发展健康美丽产业的优势条件，在分析材料的基础上，梳理要点，最后进行口头表达	以个人形式评价：A、B、C、D、E 等级

在表现性评价实施的过程中，多为小组活动，还应建立学生成长档案，记录学生能力培养和素养养成的路径，让表现性评价成为学生过程性评价的重要组成部分，从而促进学生的发展。

二、终结性评价注重思维结构评价

（一）终结性评价

终结性评价就是对课堂教学的达成结果进行恰当的评价，是在教学活动结束后为判断其效果而进行的评价。可以是对一个单元、一个模块，或一个学期的最终结果所进行的评价，也可以是对一个学段、一个学科教学的教育质量的评价。其目的是对学生阶段性学习的质量做出结论性评价，从而了解学生的认知能力、价值判断能力、思维能力、实践能力等的水平。终结性评价的方法有阶段考试、期末考试、学业考试等。

（二）思维结构评价

地理学科核心素养的培养需要重视学生地理学习过程中的思维发展。学生思维结构的评价将学生学习结果表现出来的思维状况分为无结构（思维混乱）、单点结构（只能涉及单一的要点或要素）、多点结构（可涉及多个要点或要素，但无法建立相互之间的关系）、关联结构（能够涉及多个要点或要素，而且能够建立合理的联系）和拓展抽象结构（能够更进一步抽象认识或给出教师预想之外的答案）。

思维结构评价操作的关键点有以下方面：提供给学生开放式问题，使学生回答问题的思维过程可见，形成学习结果；使用结构化的评价方案，通过对学习结果的分层来判断学生思维发展状态；教师可在后续的教学中针对存在的问题给予有针对性的、个性化的指导。

对思维结构评价的具体操作有如下建议：要明确经过一段教学后，希望学生形成什么样的思维结构；每学期安排期初、期中、期末三次测试，每次在常规测试题中有意识安排一两道思维结构测试题，这样做并不增加学生额外时间；设计能够反映学生思维结构的题目，而且题目具有开放性；确定各种结构表现的指标；前两次测试获得每个学生的思维结构现状后，教师可设计有针对性的教学方法，帮助学生不断完善思维结构。

思维结构的评价在日常的教学中也很有意义，如在进行问答题的训练时，采用此种方法评价，可以关注学生对地理问题完整的认识过程，使学生的地理思维过程和真实状态外显，再有针对性地进行指导，可以促进学生思维结构的优化。

第四节 基于核心素养培养的高中地理情境教学改进建议

一、绿色指标下地理学科课堂教学改进意见

地理学科是社会科学领域的重要课程，兼有自然学科的性质，对培养科学精神和渗透人文素养，推进素质教育和培养合格公民，具有其他学科不可替代的作用。

近年来，奉贤区的地理教师在地理课堂教学实践的过程中，通过理论学习、转变观念、优化教学方法、探索教学模式，取得了一些教学经验和成果。

（一）细化课程目标

要正确把握三维目标——知识结构化、方法问题化、情感生活化，还要进行目标分段，如高中结构化。

（二）选择教学内容，具备"四化"要求

1. 教学内容问题化

地理课堂学习的内容应围绕地理学科思维方法的训练来组织，通过感知辨析、归类比较、设疑解疑等活动，培养学生的全球意识、思辨能力、创新精神和表达能力等。要重视地理图像的教学，使教学内容与图像紧密结合，提高学生运用地理图像获取地理信息、分析地理事象和解决地理问题的能力。

2. 教学内容结构化

地理教材内容的编排顺序可以不作为教学的顺序，教材（课本、地图册、练习册等）作为教学内容的重要载体，并不是教学的唯一内容。更多的时候，在开展教学的过程中还需要教师根据学生的情况、学校的情况和教师自身的情况等，对教学内容进行有效调整，

调整的过程其实是教师对教学内容重新进行审视和思考的过程，也是对教学各个环节进行优化的过程。

3. 教学内容生活化

在组织教学内容时，要把生活中的一些案例拿出来进行研究。

4. 教学内容情境化

教学内容的组织和呈现要在一定的情境下开展，才能引起学生的学习兴趣。

（三）改进教学方法，实施"四化"要求

1. 教学空间民主化、激励化

转变教师的教学理念，改进教师的教学方法，提升教师的教学水平已成为教学改革成败的关键。教师的教学能力和水平的提高，可以通过各类的师资培训得以实现。轻松、民主的校本培训是教师成长的摇篮，受众更广的区级培训会针对更广泛的教师需求不断做出调整，通过学习课程标准和其他相关理论，教师的课程理念得以转变，通过说课、上课等展示活动，教师的课堂教学行为得到改善，通过一系列的评比，教师的基本功（包括育人和育己能力）得以提高。

2. 教学模式情境化、问题化

教师应聚焦课堂，优化教学过程，改进教学方式，让学生体验主动学习、经历探索发现的过程。教师还应注意教学方式方法的有效性和多样性，协调探究性学习和接受性学习以及自主性学习和指导性学习之间的关系。教学既要体现学生的主体性，也要凸显教师指导的作用，最终得以创新课堂教学的模式，形成地理学科课堂教学的策略。

在高中阶段针对不同的内容可采用不同的教学方法，如地理规律和地理原理的学习可采用动画演示的方法，地理事物和现象的分布可采用读图指导的方法，分析有关自然和社会现象的可采用归纳法和演绎推理等方法。乡土地理的学习还可采用研究（探究）型课程常用的，组成课题小组的方式开展学习研究。重视信息资源和教学媒体的利用，指导学生运用现代信息技术手段，亲历"获取信息—提出问题—讨论、分析问题—解决问题"的学习过程，实现地理课堂教学与信息技术的整合。

（四）精选学习训练，体现"四化"要求

1. 学习训练结构化

地理学习训练的设计，要将基础性与发展性结合，体现举一反三、迁移创新的学习训练要求；要兼具思维逻辑性、系统性、趣味性与适切性；要个体形式和合作形式并重，

且有分层。

2. 训练形式多样化

地理学习训练内容可涉及地理基础学习训练、地理实践学习训练和地理成果表达学习训练三大领域。地理基础学习训练包括记忆、理解和应用三个方面。通过识记，再现地理基本概念、基本原理、基本规律以及地理事物、地理现象空间分布状况和特征；通过分析、比较、归纳、总结，应用所学的地理概念、地理原理解释地理事物的成因；最后通过应用地理知识、原理来分析和解决地理问题。

3. 训练设计情境化、问题化

在完成地理基础学习训练之后，还需要进行实践和成果表达的训练。地理实践学习训练可结合课本学习内容，通过观测、调查和实验等方式开展地理实践活动。地理成果表达学习训练则包括常规形式（口头阐述、书面表达、实物模型制作等）和信息技术应用形式等。

（五）优化教学评价，实现绿色指标

课堂教学的评价应以学生的发展为本，淡化评价的评判作用。地理学习评价应该注重过程性评价与终结性评价相结合，日常评价与期末评价相结合，学习者自评、互评与教师评价相结合。

教师对学生的评价不仅仅停留在对地理知识、地理技能的掌握，更要关注学生掌握知识、技能的过程和方法。教师评价要实现多维度的评价，通过阅读地图、比较区域、探究问题等，把学生的学习兴趣、好奇心、投入程度、合作态度、意志毅力和探索精神等作为评价的内容，让学生能正确地认识和评价自己，不断改进学习方式，促进自身的发展（表6-5）。

除此之外，教学评价还要加强评价的针对性，体现评价的个性化特点。具体可通过书面测验、口头表达、描绘地图、绘制图表、读图分析等常规形式和课堂讨论、问题探究等活动表现来评价学生的学习。

最后，还须强调的是，教学评价直接影响的是教师教学方式指数，进而影响学生的学习状况和学校的发展情况。因此，正确把握绿色指标所包含的各项指数之间的关系，特别是正确把握教学评价的积极功能，对学生的终身发展是有深远意义的。

表 6-5　绿色指标下地理学科课堂教学评价

执教者		执教学校		执教班级	
学科		课题		执教时间	
一级指标	二级指标	评价要点		分值	得分
1. 教学目标	三维目标	三维目标有机融合 关注过程，达成情感、态度与价值观的目标要求		10	
	行为主体	符合学生的年龄、心理特点 了解学生的知识储备和生活经验		10	
2. 教学内容	内容选择	教学内容来源于生活 重难点的把握		5	
	内容呈现	创设问题化情境 教学程序的重构		5	
3. 教学过程	师生关系	教学民主 交流互动		10	
	问题探究	问题设计有情境 探究引导有方法		10	
	教学方式	方法设计符合学生认知特点和教学目标 联系生活实际的探究性学习		10	
	学生活动	学生积极参与 关注学生思维能力的培养		10	
	教学效果	体现学习的过程 学生的能力有提高		10	
4. 练习辅导	作业设计	设计和布置科学、合理 批改和反馈及时、有效		5	
	学习辅导	体现分层辅导 辅导方式多样		5	
5. 教学评价	对学习结果的评价	评价科学、客观 评价方式多样		5	
	对学习过程的评价	有激励、赞赏性的评价 关注各层次学生的评价		5	
简述情况			等级	总分	

注：满分100分，各项累计得分90分以上等级为"优"，89～80分为"良"，79～60分为"中"，60分以下为"差"。

二、地理情境教学的活动建议

在情境教学的活动设计中，针对地理学科核心素养的关注点，结合高中阶段的课程内容和学生的认知特点，设计、规划地理学习活动，引导学生体验不同的学习过程。根据《普通高中地理课程标准》，围绕地理学科核心素养的四个方面，梳理高中阶段相关教学活动的建议（表6-6）。

表 6-6 基于地理学科核心素养的教学活动建议（高中阶段必修课程·中图版）

学科核心素养		内容模块	活动建议
人地协调观	人口观 资源观 环境观 可持续发展观 因地制宜 全球意识	行星地球	响应"只有一个地球"的活动，在"世界地球日"20:00 熄灯一小时，形成正确的资源观
		大气环境	监测 PM2.5，分析其产生的人为原因，找到解决问题的措施，改善大气环境
		水环境	模拟"河长制"工作，解决水污染问题
		陆地环境	填海造陆建浦东国际机场，充分利用土地资源
		人口	出示上海 2005—2023 年的人口数据，发现人口问题，落实科学、正确的人口观教育
		城镇和乡村	上海城市问题及解决措施
		产业区位选择	上海宝钢和金山卫石化产业布局，对大气和水环境的保护
		环境与发展	分析雄安新区的启动区规划，体验城市建设的可持续发展
综合思维	要素关联 发展变化 区域特性	行星地球	分析地球存在生命的条件；分析太阳活动对地球的影响
		大气环境	在台风登陆点附近，判断台风来临前、登陆时不同地区的风向
		水环境	日本 3·11 地震引发核泄漏，分析洋流对地理环境的影响
		陆地环境	分析意大利那不勒斯湾海岸的大理石柱经历的地壳运动，读图分析岩石圈物质循环的过程
		人口	出示上海 2005—2023 年的人口数据，绘制成柱状图，描述人口发展变化的特征
		城镇和乡村	上海城市功能区的变化和城市等级的变化
		产业区位选择	分析特斯拉新能源汽车落户上海临港的优势条件
		环境与发展	分析某地大气污染、水体污染的原因
区域认知	区域分析 区域比较 区域评价 （区域尺度和类型）	行星地球	比较地球各地获得太阳辐射的差异，昼夜长短和正午太阳高度的变化，由地球的圈层结构体验大尺度的地理空间
		大气环境	根据热力环流的原理，分析海陆风、山谷风和城郊风，利用 3D 打印的地球仪模型，进行行星风系的空间建模
		水环境	分析长江不同河段的河水补给
		陆地环境	分析崇明岛形成的主要外力作用
		人口	观察"胡焕庸人口线"，比较东、西两部分人口分布的差异，分析影响人口分布的因素
		城镇和乡村	探究平遥古城的空间结构
		产业区位选择	评价某地产业结构调整的合理性
		环境与发展	分析"煤炭之乡"山西存在的环境问题和缓解措施

学科核心素养		内容模块	活动建议
地理实践力	观察实验调查	行星地球	实验：模拟地球的自转运动，观察地转偏向力对水平运动的物体的影响；观察9月的星空和一个月中月相的变化
		大气环境	实验：热力环流的小实验社会实践活动中，体验海陆风和山谷风；参观上海普陀区恒德小学，体验"气象特色课程"
		水环境	参观海绵绿化休闲广场，体验"海绵城市"的排水防涝功能
		陆地环境	考察：崇明岛南部和北部沉积速度的差异岩石标本的鉴别
		人口	利用 WebGIS 平台分析人口密度和人口迁移
		城镇和乡村	参观上海青村吴房村，感受新农村建设
		产业区位选择	参观上海自贸区临港新片区，看产业布局，分析产业区位条件
		环境与发展	进行水质监测，学会测量水中化学需氧量（COD）的方法

在这些建议的指导下，教师进行相应的情境教学的设计和实践，学生在活动中逐步提升学科核心素养。

参考文献

[1] 顾筱莉，朱雪梅.地理教学论 [M].南京：河海大学出版社，2018.

[2] 严龙成.学本课堂背景下中学地理教学设计及案例评析 [M].成都：四川大学出版社，2018.

[3] 周慧.基于学科核心素养的初中地理组件教学设计 [M].广州：广东人民出版社，2018.

[4] 义务教育学科核心素养与关键能力研究项目组.义务教育学科核心素养·关键能力·测评与教学 [M].南京：江苏凤凰科学技术出版社，2018.

[5] 冯广飞.文考帮：地理 [M].重庆：重庆大学出版社，2018.

[6] 陈苍鹏.初中地理模型与实验活动 [M].杭州：浙江大学出版社，2018.

[7] 李会琴.旅游地理信息系统·实习指导书 [M].武汉：中国地质大学出版社，2018.

[8] 林培英.中学地理教育笔谈（2008—2017）[M].北京：中国环境科学出版社，2018.

[9] 林培英.感悟、分享与对话——十年地理教育博文选编 [M].北京：首都师范大学出版社，2018.

[10] 中公教育教师资格考试研究院.地理学科知识与教学能力 [M].北京 / 西安：世界图书出版公司，2019.

[11] 赵守拙.高中地理核心素养教学案例 [M].杭州：浙江工商大学出版社，2019.07.

[12] 李春艳.教师教学技能培养系列教程·中学地理 [M].北京：中国轻工业出版社，2019.

[13] 孙汉群.地理信息技术与地理教学的整合 [M].南京：江苏人民出版社，2020.

[14] 陈文献，王传忠，宋波.地理教学设计研究 [M].汕头：汕头大学出版社，2020.

[15] 于慧.中华优秀传统文化与高中地理教学研究 [M].长春：吉林人民出版社，2020.

[16] 廖顺学，姜春英，韩贤发.微课在历史、政治、地理教学中的应用研究 [M].长春：吉林人民出版社，2020.

[17] 山香教师资格考试命题研究中心.地理学科知识与教学能力·高级中学 [M].北京：首都师范大学出版社，2020.

[18] 武剑英.高中地理项目式教学实践研究 [M].济南：山东科学技术出版社，2020.

[19] 杨修志 . 行动研究视野下的中学地理教学 [M]. 芜湖：安徽师范大学出版社，2021.05.

[20] 池春刚 . 新课程标准下的高中地理教学及评价研究 [M]. 青岛：中国海洋大学出版社，2021.

[21] 付申珍 . 中学地理长效教学的理论探索与实践 [M]. 重庆：重庆大学出版社，2021.

[22] 李素霞，陈慧蓉 . 地理科学专业实践教学改革研究 [M]. 武汉：武汉大学出版社，2021.

[23] 吴涛，李凤全，陈梅花 . 地理信息科学实践应用教学案例 [M]. 武汉：武汉大学出版社，2021.

[24] 陈斌，杨木壮，王蕾彬 . 自然地理实践教学指导书 (气象与地质学基础)[M]. 武汉：中国地质大学出版社，2021.

[25] 王桂玉，马福恩，韩晗 . 微课在地理教学中的应用研究 [M]. 青岛：中国海洋大学出版社，2021.

[26] 陈杰 . 沉思沉吟为课堂 —— 我的地理教学实践与思考 [M]. 上海：上海教育出版社，2021.

[27] 施美彬 . 中学地理微课设计与应用 [M]. 广州：广东高等教育出版社，2021.

[28] 蒋少卿 . 我的地理教学行与思 · 高中地理教师教学研究 [M]. 上海：上海社会科学院出版社，2022.

[29] 张玉玲，秦江，金儒成 . 新课改视域下高中地理教学研究与案例设计 [M]. 贵阳：贵州大学出版社，2022.

[30] 林庆安 . 基于学科核心素养的高中地理教学设计 [M]. 芜湖：安徽师范大学出版社，2022.

[31] 荣文秀，霍建忠 . 高中地理教学中学生核心素养培养研究 [M]. 青岛：中国海洋大学出版社，2022.

[32] 夏恩伟 . 且思且行 · 高中地理学科教学模式探索与实践 [M]. 天津：天津社会科学院出版社，2022.

[33] 曾呈进，陈涓 . 高中地理问题式教学设计与案例 (选择性必修 2) 区域发展)[M]. 福州：福建教育出版社；海峡出版发行集团，2022.

[34] 王晶华 . 最地理课堂 [M]. 济南：山东教育出版社，2022.

[35] 金儒成，雷显兵，罗家杨 . 高中地理研学实践案例集 [M]. 北京：中央民族大学出版社，2023.